Ronald P. Schweppe
Aljoscha Long

30 Minuten

# Raus aus dem Jobfrust

Bibliografische Information der Deutschen Nationalbibliothek

Die Deutsche Nationalbibliothek verzeichnet diese Publikation in der Deutschen Nationalbibliografie; detaillierte bibliografische Daten sind im Internet über http://dnb.d-nb.de abrufbar.

Umschlaggestaltung: die imprimatur, Hainburg
Umschlagkonzept: Martin Zech Design, Bremen
Lektorat: Dr. Sandra Krebs, GABAL Verlag GmbH, Offenbach
Satz: Zerosoft, Timisoara (Rumänien)
Druck und Verarbeitung: Salzland Druck, Staßfurt


2., überarbeitete Auflage 2012



Hinweis:
Das Buch ist sorgfältig erarbeitet worden. Dennoch erfolgen alle Angaben ohne Gewähr. Weder Autoren noch Verlag können für eventuelle Nachteile oder Schäden, die aus den im Buch gemachten Hinweisen resultieren, eine Haftung übernehmen.

Printed in Germany

ISBN 978-3-86936-415-5

# In 30 Minuten wissen Sie mehr!

Dieses Buch ist so konzipiert, dass Sie in kurzer Zeit prägnante und fundierte Informationen aufnehmen können. Mithilfe eines Leitsystems werden Sie durch das Buch geführt. Es erlaubt Ihnen, innerhalb Ihres persönlichen Zeitkontingents (von 10 bis 30 Minuten) das Wesentliche zu erfassen.

### *Kurze Lesezeit*

In 30 Minuten können Sie das ganze Buch lesen. Wenn Sie weniger Zeit haben, lesen Sie gezielt nur die Stellen, die für Sie wichtige Informationen beinhalten.

- Alle wichtigen Informationen sind blau gedruckt.

- Schlüsselfragen mit Seitenverweisen zu Beginn eines jeden Kapitels erlauben eine schnelle Orientierung: Sie blättern direkt auf die Seite, die Ihre Wissenslücke schließt.

- *Zahlreiche Zusammenfassungen innerhalb der Kapitel erlauben das schnelle Querlesen.*

- Ein Fast Reader am Ende des Buches fasst alle wichtigen Aspekte zusammen.

- Ein Register erleichtert das Nachschlagen.

# Inhalt

# Vorwort

*Die heutigen Menschen glauben, dass man die Arbeit so einrichten müsse, dass sie möglichst viel Ertrag abwerfe. Das ist ein falscher Glaube. Man muss die Arbeit so einrichten, dass sie die Menschen beglückt.*

Paul Ernst

Sind Sie immer noch auf der Suche nach Ihrem Traumjob? Sind Sie von Ihrer Arbeit frustriert – zum Beispiel weil Ihre Kollegen nerven, Ihr Chef unfähig ist oder weil Sie für viel zu wenig Geld viel zu lange arbeiten müssen? Dann mag es Sie trösten zu erfahren, dass Sie mit Ihrer Unzufriedenheit nicht allein sind: Aktuelle Umfragen von Marktforschungsinstituten zeigen, dass in Deutschland knapp 70 Prozent aller Arbeitnehmer nur noch Dienst nach Vorschrift machen. Viele haben also innerlich längst gekündigt. Doch ist das wirklich ein Trost?

Auf den folgenden Seiten werden Sie erfahren, dass es auch anders geht: Sie werden einige wirksame Strategien kennenlernen, um Ihren Job von einem Feind in einen Freund zu verwandeln. Dabei werden Sie sehen, dass letztlich niemand von uns wirklich für jemand anderen, sondern immer nur für sich selbst arbeitet. Vor allem aber werden Sie erfahren ...

- warum Sie wichtiger sind als Ihr Job.
- warum es besser ist, voll einzusteigen, statt (innerlich) auszusteigen.

- wie Sie lernen können, was immer Sie tun mit ganzem Herzen zu tun.
- wie Sie gelassen und zufrieden durch Ihren Arbeitsalltag kommen, statt zu einem Opfer von Stress und Burn-out zu werden.

Tag für Tag können Sie sich dafür entscheiden, zu lieben, was Sie tun. Welchen Beruf Sie ausüben – ob Straßenkehrer oder Topmanager –, ist dabei völlig egal, denn tatsächlich lässt sich jede Tätigkeit mit Sinn erfüllen.
Während wir die äußeren Umstände nur selten (direkt) beeinflussen können, können wir unsere Einstellung und Haltung in jedem Augenblick verändern. Und das lohnt sich, denn immerhin verbringen wir einen Großteil unseres Lebens mit unserer Arbeit. Unsere berufliche Tätigkeit bestimmt unsere Lebensqualität. Darum ist es wichtig, die verborgenen Chancen und Entwicklungsmöglichkeiten zu entdecken, die sich in jeder Form von Arbeit verbergen – und das gilt auch für scheinbar langweilige, sinnlose oder „stressige“ Jobs. Wir wünschen Ihnen, dass Sie auf den nächsten Seiten herausfinden werden, wie Ihr ganz persönlicher Weg zu mehr Zufriedenheit und Erfüllung aussieht. Denn wie schon Shakespeare sagte: *Was ihr nicht tut mit Lust, gedeiht euch nicht.*
Auf Ihrem Weg raus aus der Jobfrust-Falle wünschen wir Ihnen viel Erfolg!

Ronald Schweppe & Aljoscha Long
www.long-schweppe.de

30 MINUTEN

**Suchen Sie immer noch nach Ihrem Traumjob?**

**Seite 10**

**Entscheiden äußere Faktoren wirklich über Ihr Glück?**

**Seite 12**

**Können Sie Ihren Beruf nutzen, um sich persönlich weiterzuentwickeln und Zufriedenheit zu erlangen?**

**Seite 16**

# 1. Warum Ihre Arbeit nicht Ihr Feind ist

Ist es wirklich möglich, seine Arbeit zu lieben – ganz egal, wie diese aussieht? Können wir unseren Job – und zwar jeden – zu einer Quelle für mehr Glück und Zufriedenheit machen? Vielleicht haben Sie sich diese Fragen ja auch schon gestellt und sind zu dem Schluss gekommen, dass das wohl unmöglich ist. Merkwürdig ist aber, dass wir täglich Menschen treffen, die uns zeigen, dass man nahezu jeden Job lieben kann – ob sie nun Eis verkaufen, Englisch unterrichten oder im höheren Management arbeiten. Wir werden Ihnen in diesem Buch vier einfache Prinzipien zeigen, die Ihnen helfen, die Zügel wieder selbst in die Hand zu nehmen und sich aus der Tretmühle zu befreien – wohlgemerkt: ohne dass Sie dabei kündigen müssten (weder äußerlich noch innerlich).

1. *Jeder* kann in seinem Beruf glücklich sein.
2. Man kann *lernen*, seinen Job zu lieben.
3. Nicht *was* man tut, ist entscheidend, sondern wie man es tut.
4. Nur wer *mit ganzem Herzen* handelt, entdeckt die Freude im Tun.

## 1.1 Der Mythos vom Traumjob

Egal ob Hollywoodstar, Fußballprofi oder Bestsellerautor – Traumjobs haben gewaltige Nachteile:

1. Traum ist Traum und Realität ist Realität. Durch Träumen allein verwandelt sich Ersteres noch lange nicht in Letzteres – und so träumen manche ihr Leben lang vergebens vom Traumjob.
2. Wer vom idealen Job träumt, vergisst leicht, wie steinig der Weg dorthin ist. Unter Tausenden, die es versuchen, schaffen es nur eine Handvoll.
3. Menschen mit Traumjobs sind nicht automatisch reich, glücklich und zufrieden. Viele haben beeindruckende Schulden, und dass auch Stars nur selten glücklich sind, zeigt schon ein kurzer Blick in die Boulevardpresse.

### *Ein paar unbequeme Wahrheiten*

Nach Umfragen des Deutschen Gewerkschaftsbundes ist hierzulande etwa jeder dritte Arbeitnehmer mit seiner Arbeit unzufrieden. Vor allem Zeit- und Leistungsdruck, fehlende Einfluss- und Entwicklungsmöglichkeiten und mangelnde Wertschätzung machen vielen das (Arbeits-)Leben schwer.

Die Schlussfolgerung ist naheliegend und lautet: „Der Job ist schuld." Psychologische Forschungen zeigen jedoch, dass wir mit unserer Einschätzung davon, was unser Leben schöner macht, oft danebenliegen. Dass Geld (allein) nicht glücklich macht, dürfte sich inzwischen herumgesprochen haben. Aber andere Mythen halten sich hartnäckig – beispielsweise die, dass der Job an allem schuld sei, die Bedingungen unerträglich wären oder wir erst glücklich werden könnten, wenn wir unseren Traumjob gefunden hätten. Doch die Wirklichkeit sieht anders aus:

- Ein Jobwechsel beeinflusst unsere Zufriedenheit kaum. Beim nächsten Job wird nicht alles anders, denn wir selbst sind es, die für unsere Gefühle verantwortlich sind.
- Statt auf das „Was" sollten wir uns auf das „Wie" konzentrieren und lernen, konstruktiv zu handeln.
- Lange Arbeitszeiten, mangelnde Anerkennung oder Leistungsdruck können zweifellos Stress erzeugen. Doch belastende Einstellungen, hohe Erwartungen (auch an sich selbst), Ängste oder negative Bewertungen vermehren den Stress noch um ein Vielfaches.
- Nur selten ist es praktikabel, wirklich den Job zu wechseln. Oft mangelt es an Angeboten, und auch Umzüge oder finanzielle Einbußen sind gewichtige Gegenargumente.

*Der Traum vom idealen Job ist trügerisch. Statt den Job zu wechseln, sollten Sie nach Wegen suchen, Ihr Potenzial in Ihrem jetzigen Beruf voll auszuschöpfen.* 30

## 1.2 Die Falle der inneren Einstellung

Unsere Motivation hängt stark von unserer Einstellung ab. Daher gibt es Tellerwäscher, die gerne zur Arbeit gehen, und gut bezahlte Firmenvorstände, die ihren Job als Qual betrachten.
Faktoren wie Arbeitsplatz, Arbeitszeiten oder Einkommenshöhe wirken sich gerade mal zu rund zehn Prozent auf unser Glücksempfinden aus. Wer unerwartet Millionär wird, wird zwar einige Monate wie auf Wolken schweben, anschließend aber wieder auf sein früheres Glücksniveau abfallen (und oft sogar darunter) – das haben Interviews mit Lottogewinnern gezeigt.
Der Schlüssel zur Zufriedenheit liegt nicht in äußeren Faktoren, sondern in unserer inneren Einstellung. Und die ist zum Glück keine Frage des Zufalls, sondern lässt sich ebenso wie auch unsere Gefühle gezielt formen.

### *Warum Sie negativen Glaubenssätzen nicht glauben sollten*

Belastende Einstellungen sind kein Zufall, sondern die Folge negativer Glaubenssätze. Das, was wir über unseren Beruf denken, prägt unsere Gefühle. Einige typische negative Glaubenssätze lauten:

- „Arbeiten ist anstrengend. Am besten versucht man, vor allem eine ruhige Kugel zu schieben."

- „Das Wichtigste ist, dass man einen sinnvollen Beruf hat: Was man tut, ist entscheidender, als wie man seinen Job erledigt."
- „Ich kann das nicht. Und ich werde es auch nie lernen."
- „Schlecht bezahlte Jobs bieten keinerlei Aufstiegschancen."
- „Arbeit ist Stress."
- „Am glücklichsten wäre ich, wenn ich gar nichts tun müsste."

Misstrauen Sie Ihren inneren Monologen! Negative Glaubenssätze sind nicht in Stein gemeißelt: Sie haben sie selbst gewählt (wenngleich Eltern und Lehrer sicher nachgeholfen haben, sie Ihnen einzureden). Vor allem aber stimmen sie nicht!

### Ist Nichtstun die Lösung?

*[...] der Mensch verlangt Geschäfte, auch solche, die einen gewissen Zwang mit sich führen.* Das sagte Kant. Die moderne Psychologie sieht das ähnlich: Depressionen, soziale Phobien und Burn-out treten bei Arbeitslosen, Rentnern und Privatiers deutlich öfter auf als bei Berufstätigen – Nichtstun macht uns also sicher nicht zufriedener.

### Ist Stress das Problem?

Natürlich ist Stress ein Problem. Aber die Formel „Arbeit = Stress" stimmt so nicht. Der US-Psychologe Richard Lazarus konnte nachweisen, dass Stresssituationen vor allem durch unsere Reaktionen auf bestimmte Reize und nicht auf die Reize an sich entstehen. Anders gesagt: Stress entsteht meist im Kopf. Oft genügen daher schon Kleinigkeiten, um uns an den Rand der Verzweiflung zu bringen, während wir in handfesten Krisen manchmal erstaunlich ruhig bleiben. Kann Ihr Chef Sie also „krank machen"? Sicher nicht. Er schafft das höchstens zu 50 Prozent – über die andere Hälfte entscheiden Sie!

### *Ist Arbeit anstrengend?*

Der Psychologieprofessor Mihaly Csikszentmihalyi, der den Begriff „Flow" prägte, konnte in Untersuchungen zeigen, dass wir bei beruflichen Tätigkeiten meist sehr viel konzentrierter, vitaler und ausgeglichener sind, als wir gemeinhin glauben. Arbeitnehmer wurden in regelmäßigen Abständen von einem Pieper aufgefordert, anzugeben, ob sie bei ihrer jeweiligen Tätigkeit gerade konzentriert, energievoll, glücklich und kreativ waren oder nicht. Das erstaunliche Ergebnis: Die meisten Arbeitnehmer fühlen sich im Job sehr viel selbstbewusster und ausgeglichener als in der Freizeit, auch wenn sie das nicht wahrhaben wollen. Wer im Flow arbeitet, muss sich überhaupt nicht mehr „anstrengen".

### *Die Opferperspektive verlassen*

Es ist leicht, die Verantwortung für unsere Frustration auf äußere Umstände zu schieben. Wer die Opferperspektive einnimmt, gibt die Regie an andere ab und kann sich zurücklehnen. Allerdings gibt es da ein Problem:

Nur weil „die anderen schuld sind", fühlen wir uns deswegen kein bisschen besser – ganz im Gegenteil. Statt über den Dingen zu stehen, leiden wir unter ihnen.
Wer sich als Opfer fühlt, setzt voraus, dass es einen „Angreifer" gibt und dass er selbst schwach und ohnmächtig ist. „Opfer" und „Macher" – das heißt Angst auf der einen und Macht auf der anderen Seite. Die Opferperspektive ist weitverbreitet: Arbeitnehmer fühlen sich als Opfer ihrer Vorgesetzten, Unternehmen dagegen sehen sich als Opfer des Marktes, der Konkurrenz, ihrer unzuverlässigen Kunden, Lieferanten usw. Diese Sichtweise erklärt aber nicht, warum es immer auch Gewinner gibt – Firmen oder Angestellte, die trotz der gleichen schwierigen Umstände auf Erfolgskurs sind.
Vor allem aber führt die Opferperspektive dazu, dass man seine eigenen Einflussmöglichkeiten gewaltig unterschätzt, wie die folgende Tabelle zeigt:

| **Opferperspektive** | **Autonome Sichtweise** |
|---|---|
| Fehlender Abstand; lässt sich schnell in Probleme hineinziehen | Gesunder Abstand; bleibt bei sich selbst |
| Verlust der psychischen Widerstandskraft | Starke Widerstandskraft |
| Sichtweise nicht selbstbestimmt („Das Außen macht etwas mit mir") | Sichtweise selbstbestimmt („Ich gestalte das Außen") |
| Fremdbestimmung | Eigenverantwortung |

Falls auch Sie in der Opferperspektive feststecken, wird es höchste Zeit, die *richtige Wahl* zu treffen. Das heißt aber nicht, dass Sie den „richtigen" Beruf finden müssten, sondern es geht einzig und allein darum, die richtige Einstellung zu wählen.

## *Warum Work-Life-Balance nicht genügt*

Sicher kennen Sie den Begriff „Work-Life-Balance". Die Sehnsucht nach einem harmonischen Gleichgewicht zwischen Leben und Arbeiten ist groß, und es ist auch sinnvoll, dafür zu sorgen, dass wir nicht nur leben, um zu arbeiten.

Doch halt! Die Frage „Lebst du, um zu arbeiten, oder arbeitest du, um zu leben?" kann nur derjenige stellen, der Job und Leben als zwei getrennte Welten ansieht. Doch sind sie das? Immerhin leben wir ja auch, wenn wir im Büro sitzen, während wir in unserer Freizeit auch „arbeiten" – ob wir nun Spaghetti kochen, ein Kreuzworträtsel lösen oder Einkäufe erledigen.

Die (bezahlte) Arbeit nimmt einen großen Teil unseres Lebens ein. Natürlich ist es wichtig, in seiner Freizeit für Inseln der Ruhe zu sorgen und Belastungen auszugleichen. Doch die Lösung ist nicht, sich trotz seiner vielen Aufgaben immer wieder einmal zu entspannen oder seine Aufgaben optimal zu organisieren, sondern *das, was wir tun, auf eine neue, stressfreie Weise zu tun.*

Wenn wir lernen, unseren Job zu lieben, müssen wir uns nicht mehr allzu viele Gedanken um die richtige Balance machen: Wir schlafen, wir essen, wir arbeiten, wir gehen spazieren – all das sind gleichberechtigte Teile unseres Lebens, und jeder dieser Teile verdient es, dass wir ihn positiv gestalten.

### *Beruf als Chance*

Haben Sie schon einmal mit dem Gedanken gespielt, Ihren Beruf als eine interessante Herausforderung, als Chance anzusehen? Ganz klar: Probleme mit Vorgesetzten, mit Leistungsdruck, Kunden oder der Konkurrenz können schon mal dazu verleiten, den Kopf in den Sand zu stecken. Doch je mehr Schwierigkeiten es gibt, umso größer ist andererseits auch Ihre Chance, sich auf das Wesentliche zu konzentrieren: auf sich selbst und die Strategien, die Sie anwenden, um Probleme zu lösen.

In vielen Punkten ist das Berufsleben mit einer Bergtour vergleichbar:

- Sie werden nur vorankommen, wenn Sie die Schwierigkeiten überwinden, die sich Ihnen bei jedem Schritt stellen.
- Auch wenn die Strecke schwierig ist: Nur wenn Sie weitergehen, können Sie Ihre Fähigkeiten, Ihre Ausdauer und Ihre inneren Kräfte entwickeln.
- Bei jeder Wanderung gibt es Höhen und Tiefen. Doch diese Höhen und Tiefen machen den Reiz aus und sind kein Grund, im dunklen Tal sitzen zu bleiben.
- Ihre Einflussmöglichkeiten sind größer, als Sie glauben. Tagtäglich können Sie sich für mehr Leichtigkeit entscheiden, können besser auf sich selbst achten oder Methoden anwenden, die Ihren Weg abkürzen werden.

### *Nicht anstrengen*

Der Vergleich des Berufslebens mit der Bergtour hinkt insofern, als nun vielleicht der Eindruck entstehen mag, dass Sie sich sehr anstrengen müssten, um positive Veränderungen zu bewirken. Doch gerade darum geht es nicht. Die Methoden in diesem Buch helfen Ihnen, Ihre Perspektive zu verändern. Dies bedarf jedoch keiner „Anstrengung". Viel wichtiger sind Experimentierfreude und Achtsamkeit. Experimentierfreude brauchen Sie, um die Einladung, neue Wege zu beschreiten, anzunehmen. Und Achtsamkeit hilft Ihnen dabei, genau zu beobachten, was sich verändert – nicht nur in Ihrem Denken, sondern auch was Ihren Stresspegel, Ihren Körper und Ihre Gefühle betrifft.

Wenn Sie lernen, in Ihrem Beruf Erfüllung zu finden, mit ganzem Herzen bei der Sache zu sein oder dem „Wie" mehr Beachtung zu schenken als dem „Was", wird dies automatisch dazu führen, dass Sie anfangen, mitfühlender mit sich selbst und entspannter mit Ihrer Umwelt umzugehen. Der Weg, der aus dem Jobfrust führt, ist daher zugleich ein Weg, der Sie von Stress befreit und Ihnen zeigt, dass es nicht darum geht, sich mehr anzustrengen. Ganz im Gegenteil: Worauf es wirklich ankommt, ist, sich weniger anzustrengen, weniger zu „machen" und dafür der Intelligenz Ihres Herzens zu folgen.

***Herman Bang schrieb einmal: „Arbeit, die wir lieben, ist das Einzige, was uns mit dem Leben versöhnen kann.“ Da wir Arbeit und Leben nicht trennen können, lohnt es sich, unseren Job lieben zu lernen. Dies kann nur gelingen, wenn wir …***

- ***unser Glück nicht länger in den vermeintlichen Traumjob projizieren und erkennen, dass wir nahezu jeden Beruf in einen Freund verwandeln können.***
- ***unsere Einstellung ändern und uns von der Opferperspektive verabschieden.***

***Um Zufriedenheit, Glück und Erfolg im Tun zu erfahren, müssen Sie sich von der Vorstellung befreien, in der Falle zu sitzen. Und wissen Sie was? Die einzige Falle, die Ihnen wirklich gefährlich werden kann, ist die Falle in Ihrem Kopf …***

# 30 MINUTEN

Hat Stress zu viel Macht über Sie?
Seite 22

Wissen Sie, warum Stress Flow unmöglich macht?
Seite 23

Haben Sie Ihre Herzensbedürfnisse schon erkannt?
Seite 30

# 2. Sie sind wichtiger als Ihr Job

Vielleicht kommen Ihnen einige der folgenden Aussagen bekannt vor; sie stammen von Angestellten, die unter Stress stehen:

- „Auf meinem Schreibtisch stapeln sich die Aufträge – ich komme kaum noch hinterher."
- „Der Druck wächst und ich habe Angst, meinen Arbeitsplatz zu verlieren."
- „Früher habe ich an den Wochenenden viel mit meiner Familie unternommen, aber inzwischen bin ich so ausgepowert, dass ich nur noch meine Ruhe will."
- „Meine beruflichen Probleme beschäftigen mich manchmal die halbe Nacht. In letzter Zeit trinke ich außerdem mehr, als mir guttut."

Auch wenn dringende Aufgaben warten – wenn Sie körperlich oder psychisch zusammenbrechen, ist keinem gedient. Sie sind wichtiger als Ihr Job! Der erste Schritt aus dem Jobfrust besteht darin, mehr an sich selbst zu denken. Nur wenn Sie freundlich mit sich selbst umgehen, wird es Ihnen gelingen, auch Ihren Job zu lieben.

## 2.1 Wenn die Arbeit zur Qual wird ...

Ob es die schwierigen Arbeitsbedingungen, die anstrengenden Kollegen, sinnlose Tätigkeiten oder mangelnde Anerkennung sind – die tiefer liegende Ursache für Unzufriedenheit am Arbeitsplatz lautet immer „Stress“. Genau genommen bezeichnet „Stress“ die Reaktion unseres Körpers auf Stressreize, doch inzwischen ist der Begriff „Stress“ ganz allgemein zu einem Synonym für Belastung geworden. Wenngleich die Stressreaktion ein subjektiver Zustand ist und nicht jeder Mensch gleichermaßen auf Belastungen reagiert, gehören doch Zeitmangel, Termindruck, Mobbing, Versagensängste und zu hohe Erwartungen an sich selbst zu den häufigsten Faktoren, die im Job Stress auslösen.

**Test: Sind Sie gefährdet?**
Leiden Sie unter ...

- Nervosität, Schlafstörungen, der Unfähigkeit, sich zu entspannen?
- einem geschwächten Immunsystem, häufigen Erkältungen oder anderen Infektionen?
- Bluthochdruck, einem zu hohen Cholesterinspiegel oder Herz-Kreislauf-Beschwerden?
- Konzentrations-, Gedächtnis- oder Aufmerksamkeitsstörungen?
- Verdauungsproblemen, Magenbeschwerden, Appetitlosigkeit?
- Aggressionen, Ärger?
- Unsicherheit, Ängsten oder Depressionen?

- ständiger Erschöpfung, häufiger Lustlosigkeit oder Müdigkeit?
- Muskelverspannungen, Kopf-, Nacken- oder Rückenschmerzen?

Jedes „Ja" ist eines zu viel! Nehmen Sie Überlastungs-Symptome ernst. Chronische Stresszustände können schwere Erkrankungen wie Herzinfarkt oder Krebsleiden begünstigen. Doch auch weniger dramatische Folgen wie Niedergeschlagenheit und Lustlosigkeit sind schon Grund genug, so schnell wie möglich die Handbremse zu ziehen.

### *Stress frisst Flow*

Wer sich überfordert fühlt, kann nicht lieben, was er tut. Auch wenn nichts dagegenspricht, Wert auf gute Leistungen zu legen oder Karriere zu machen – entscheidend ist doch, sich selbst bei alledem treu zu bleiben und in seinem Job immer wieder für Flow zu sorgen.
„Flow" bezeichnet den Glückszustand, der auftritt, wenn wir tief in das, was wir tun, eintauchen. Wer ganz und gar in seiner Tätigkeit aufgeht, entwickelt Hochgefühle – ähnlich dem Freikletterer, der vollkommen konzentriert einen Berg besteigt. Im Flow sind wir ganz im Hier und Jetzt. Wir fühlen uns lebendig und voller Energie.
In nahezu allen Berufen ist es prinzipiell möglich, Flow zu entwickeln oder zumindest entspannt und dabei doch konzentriert zu arbeiten. Die Voraussetzung ist jedoch, dass wir lernen, (negativen) Stress optimal zu bewältigen. Wer seinen Beruf als Kampf empfindet und

seine Energien in Widerstände steckt, kann nicht gleichzeitig auf Mühelosigkeit und Leichtigkeit beim Handeln achten. Anders gesagt: Stress frisst Flow, und wo das eine ist, kann das andere nicht sein.

### *Was tun bei Überlastungsstress?*

Ob bewusst oder unbewusst – jeder von uns versucht, Stress abzubauen. Eine häufige „Strategie" besteht darin, sich zu betäuben, was jedoch leicht zu zerstörerischen Abhängigkeiten führt. Auch die Flucht in den Feierabend ist keine Lösung. Der unruhige Blick auf die Uhr lässt die Zeit nur noch langsamer vergehen, und letztendlich ist das Wochenende oder der lang ersehnte Urlaub doch jedes Mal viel zu kurz. Was können wir also tun?

Es gibt effektive Methoden, den Stress, der durch die Arbeit aufgebaut wurde, in der Freizeit wieder abzubauen. Dazu gehören autogenes Training, Yoga usw. Auch körperliche Bewegung, insbesondere in Form von Ausdauersportarten, künstlerische oder kreative Betätigungen oder die Pflege befriedigender Beziehungen sind effektive Stresskiller. Und natürlich können Sie Stress auch durch gutes Zeitmanagement abbauen – beispielsweise indem Sie Prioritäten setzen, Delegieren lernen oder Zeitfresser wie überflüssige Telefonate ausschalten.

Besser, als Stress aufzulösen, ist es aber, ihn gar nicht erst entstehen zu lassen! Daher sind Strategien, die Sie mitten im Arbeitsalltag einsetzen können, am wirkungsvollsten. Studien haben gezeigt, dass Stress immer mit einem Mangel an Kontrolle einhergeht. Arbeitnehmer, die sich ihre Zeit selber einteilen können, sind beispielsweise deutlich belastbarer als Menschen, die keinerlei Kontrolle über ihre Arbeitszeit haben. Sie können Ihre Arbeit nur lieben, wenn Sie das Gefühl der Kontrolle wiedererlangen und erkennen, dass Sie weder ohnmächtig noch ausgeliefert sind. Und tatsächlich müssen Sie gar nichts tun. Alles, was Sie (auch beruflich) tun, tun Sie nur, weil Sie sich irgendwann einmal dafür entschieden haben. Vollkommen freiwillig!

*Stress fühlt sich nicht nur unangenehm an – er zerstört auch jede Leichtigkeit und Freude und lässt Ihre Arbeit zum (Überlebens-)Kampf werden. Methoden, die gezielt Stress abbauen, wie autogenes Training oder Sport, sind hilfreich. Noch besser ist es jedoch, wenn Sie im Job die Kontrolle übernehmen, indem Sie Ihre Einstellung und wenn möglich auch Ihr Umfeld beeinflussen.*

## 2.2 Wofür arbeiten Sie wirklich?

Haben Sie sich schon einmal die Frage gestellt, wofür Sie eigentlich wirklich arbeiten? Nur zu leicht glauben wir, dass wir nur für andere schuften. Doch wer genauer hinsieht, wird erkennen, dass wir ausschließlich aus einem Grund arbeiten: weil wir Bedürfnisse haben, die wir befriedigen wollen.

### *Sie glauben, dass Sie nur arbeiten, um zu leben?*

Wunderbar: Sie können schon morgen die Kündigung einreichen. Tatsächlich werden Sie nämlich auch dann noch am Leben sein, wenn Sie arbeitslos sind und Hartz IV beziehen – aber wollen Sie das auch?

### *Sie glauben, dass Sie nur deshalb so viel arbeiten, weil Sie Angst haben, Ihren Job zu verlieren?*

Es ist heute nicht selbstverständlich, einen Arbeitsplatz zu haben. Kein Wunder, dass viele Angestellte Angst davor haben, ihn zu verlieren. Allerdings ist Angst nie hilfreich. Freude, Motivation und Effektivität steigern die Wahrscheinlichkeit, Ihren Job zu behalten, und genau die werden durch Ängste untergraben. Zudem gibt es immer noch Alternativen zu Ihrem jetzigen Job: Sie können beispielsweise umziehen, auswandern, eine schlechter bezahlte Arbeit annehmen oder sich selbstständig machen. Sie wollen das alles nicht? Das ist in Ordnung, aber es ist Ihre Entscheidung und nichts, wovor Sie Angst haben sollten.

### *Eine Frage des Geldes?*

Auf die Frage: „Warum arbeitest du?“ antworten die meisten: „Weil ich Geld brauche.“ Natürlich wissen wir eigentlich längst, dass Geld nicht alles ist. Wer ehrenamtlich arbeitet und sich sozial oder kulturell engagiert, bekommt dafür normalerweise kein Geld – und ist von seiner Arbeit trotzdem erfüllt und befriedigt. Offensichtlich gibt es also mehr als genug Bedürfnisse, die nichts mit unserem Bankkonto zu tun haben. Dennoch verbringen viele von uns ihr Leben damit, Luxusgütern hinterherzujagen: Wer sich eine Segeljacht, einen Sportwagen oder eine Villa an der Côte d'Azur wünscht, muss wohl oder übel viel Zeit (und Arbeit) investieren. Ob der Wunsch nach Luxus wirklich ein „Bedürfnis" im engeren Sinne ist, sei dahingestellt, doch sicher ist, dass Geld als Motivationsquelle sehr fragwürdig ist.

In den letzten 70 Jahren hat sich unser Lebensstandard stark verändert. Uns steht heute doppelt so viel Wohnraum zur Verfügung. Zentralheizungen und fließendes Wasser sind selbstverständlich. Hightech-Geräte wie Computer, Fernseher, DVD-Player oder Handys gehören zum Alltag, und das reale Pro-Kopf-Einkommen ist hierzulande seit 1940 um mehr als 50 Prozent gestiegen. Und trotzdem: Das Glücksniveau hat sich kaum erhöht – oft ist sogar das Gegenteil der Fall. Umfragen in den USA haben gezeigt, dass Arbeitnehmer, die knapp 30.000 US-Dollar im Jahr verdienen, glauben, dass sie mit 50.000 US-Dollar glücklich und zufrieden wären. Fragt man jedoch Menschen mit einem Einkommen von 100.000 US-Dollar, so sagen diese, dass sie rund 250.000 US-Dollar bräuchten, um glücklich zu leben ...

Wer sich ausschließlich an materiellen Werten orientiert, lebt gefährlich. 1976 haben US-Wissenschaftler rund 12.000 junge Studenten nach ihren Werten befragt und 19 Jahre später ihre Lebenszufriedenheit gemessen. Testpersonen, die als Jugendliche angegeben hatten, dass Geldverdienen und materieller Wohlstand zu ihren obersten Lebenszielen gehören, waren zwei Jahrzehnte danach besonders unzufrieden. Sie litten häufiger unter Depressionen, waren weniger wissbegierig und hatten häufiger Beziehungsprobleme als „Nichtmaterialisten".

## Die Maslow'sche Bedürfnispyramide

„Was motiviert Sie?"

Bei der Beantwortung dieser Frage kann die „Maslow'sche Bedürfnispyramide" hilfreich sein. Sie wurde von dem US-Psychologen Abraham Maslow als Stufenmodell menschlicher Bedürfnisse entwickelt. Die aufeinander aufbauenden Stufen demonstrieren, was Menschen dazu veranlasst, aktiv zu werden:

*Stufe 1 – Körperliche Grundbedürfnisse*: Auf der ersten Stufe stehen die überlebenswichtigen Bedürfnisse: Luft, Wärme, Nahrung, Trinken, Schlaf und Fortpflanzung sichern unseren Fortbestand. Solange wir frieren und hungern, erübrigt sich der Wunsch nach Luxusgütern. Unser Glück hängt dann einzig davon ab, ob wir genug zu essen haben.

*Stufe 2 – Sicherheit*: Auf dieser Stufe geht es darum, das Erreichte für die Zukunft zu sichern. Ein Dach über dem Kopf, eine feste Arbeit, Recht und Ordnung im Land, eine stabile Währung oder der Wunsch, gesund zu bleiben, gehören in den Bereich der Sicherheitsbedürfnisse.

*Stufe 3 – Soziale Beziehungen*: Wenn wir erkennen, dass Sicherheit allein nicht glücklich machen kann, richten wir unsere Aufmerksamkeit darauf, geliebt zu werden, Freunde zu finden, zu einer Gruppe zu gehören, einen Partner zu finden, eine Familie zu gründen oder etwas für die Gesellschaft zu tun. Sozialer Austausch und Kommunikation sind die Bedürfnisse der dritten Stufe.

*Stufe 4 – Individualität*: Auf der vierten Stufe sehnen wir uns nach sozialer Anerkennung und danach, unseren Status in der Welt zu sichern. Wir streben nach Geld, Erfolg, Karriere, Macht und Luxus oder arbeiten daran, unsere mentalen oder körperlichen Leistungen zu verbessern.

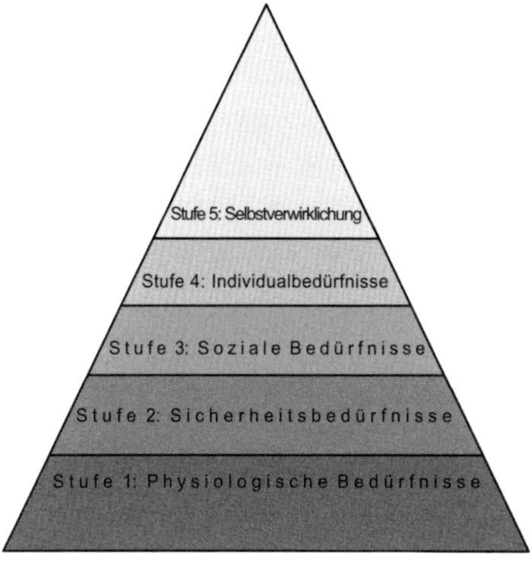

*Stufe 5 – Selbstverwirklichung*: Viele Menschen führen ein relativ zufriedenes Leben, wenn sie es geschafft haben, die Bedürfnisse der ersten vier Stufen zu stillen. Doch am Ziel sind wir noch nicht: Auf der fünften Stufe geht es uns darum, unser Potenzial auszuleben. Das Bedürfnis nach Selbstverwirklichung – nach Individualität, Philosophie, Kunst, Kreativität oder auch der Wunsch, Güte, Nächstenliebe oder Toleranz zum Ausdruck zu bringen – nimmt dann immer mehr Raum ein.

30 *Was motiviert Sie, zur Arbeit zu gehen? Geht es Ihnen in erster Linie darum, sich selbst oder Ihre Familie materiell abzusichern? Streben Sie nach Anerkennung? Oder wollen Sie Ihr Potenzial ausschöpfen und sich selbst verwirklichen?*
*Wer nur arbeitet, um nicht zu verhungern, hat keine Wahl. Alle anderen aber (und das sind die meisten) müssen ihren Job nicht nur als Broterwerb sehen. In jedem Beruf stecken Chancen, Bedürfnisse zu befriedigen, die den oberen Stufen der Maslow'schen Bedürfnispyramide entsprechen.*

## 2.3 Erkennen Sie Ihre Herzensbedürfnisse

Bedürfnisse haben große Macht. Einige davon können uns krank machen, andere bergen enorme Entwicklungsmöglichkeiten. Um unser Verhältnis zu unserer

Arbeit zu verändern, ist es wichtig, vor allem unsere Herzensbedürfnisse im Auge zu behalten. Sie können lieben, was Sie tun, und dabei an Ihren Bedürfnissen wachsen. Allerdings klappt das nur, wenn Sie von innen heraus oder „intrinsisch" motiviert sind und Ihre Herzensbedürfnisse in den Mittelpunkt Ihrer Arbeit stellen. Wer intrinsisch motiviert handelt, giert nicht nach Lob und Anerkennung oder nach einer Gehaltserhöhung, sondern er hat vor allem Freude an seinem Job. Intrinsisch motiviertes Handeln zeigt sich daran, dass ...

- unsere Handlungen unsere Werte zum Ausdruck bringen.
- wir uns nicht von Zuckerbrot und Peitsche antreiben lassen.
- wir selbst die Regie übernehmen und auch dann, wenn wir „nur angestellt" sind, die Initiative ergreifen.
- wir interessiert und neugierig bleiben.
- es uns Freude macht, uns zu entwickeln und auf unserem Gebiet „besser zu werden".
- wir nicht handeln, um andere zu beeindrucken, sondern um etwas für uns selbst zu tun.

Geld, Prestige, Macht oder Luxus sind keine Herzens-, sondern Ersatzbedürfnisse. Sie können kurzzeitig sehr befriedigend sein, führen aber über kurz oder lang in die Sackgasse, denn meist sind die Opfer, die wir für sie bringen müssen, zu hoch.
Entdecken Sie Ihre Herzensbedürfnisse! Worum geht es Ihnen – tief in Ihrem Herzen – wirklich? Um Verbun-

denheit, Entwicklung oder Kreativität? Um neue Erkenntnisse, mehr Fairness, interessante Herausforderungen? Um Gelassenheit, Freiheit, Freude oder Glück? Um mehr Lebendigkeit oder Liebe? Wenn Sie wissen, was Sie im Innersten antreibt, ist es nur noch eine Frage der richtigen Strategie, um Ihre Arbeit von einem Feind in einen Freund zu verwandeln. Beispielsweise können Sie einen Bürojob nur machen, damit Sie Ihr Gehalt bekommen. Sie können den gleichen Beruf aber auch ausüben, weil es Ihnen wichtig ist, freundlich mit Kollegen und fair mit Kunden umzugehen oder regelmäßig eigene Ideen einzubringen, die der Atmosphäre am Arbeitsplatz oder der Zukunft des ganzen Teams zugutekommen.

***Wenn Sie unter Stress oder Burn-out leiden, wird es höchste Zeit, dass Sie beginnen, die Kontrolle wieder selbst zu übernehmen. Dazu müssen Sie nicht kündigen, sondern ...***

- ***sich klarmachen, dass Sie Ihren Beruf selbst gewählt haben.***
- ***erkennen, dass Sie nur zur Arbeit gehen, weil Sie Ihre Bedürfnisse erfüllen wollen.***
- ***Ihre Aufmerksamkeit von den unteren auf die höheren Bedürfnisse verlagern.***
- ***Ihre Herzensbedürfnisse ausfindig machen und sich überlegen, welche Möglichkeiten es gibt, Ihre Werte tagtäglich in Ihre beruflichen Tätigkeiten einzubringen.***

30 MINUTEN

# 3. Einsteigen statt aussteigen

Wir können unseren Jobfrust niemals loswerden, wenn wir mit dem Schicksal hadern oder uns daran „gewöhnen“, frustriert und unglücklich zu sein. Auch Halbherzigkeit ist keine Lösung, denn mit halbem Herzen verbrauchen wir nicht etwa halb, sondern doppelt so viel Energie. Die effektivste Möglichkeit besteht daher darin, einzusteigen statt auszusteigen. Nur wer es schafft, innerlich „Ja“ zu sagen, kann positive Veränderungen erzielen und den Teufelskreis aus Stress und Demotivation durchbrechen.

## 3.1 Entscheiden Sie sich

Eigentlich haben Sie sich ja entschieden – schließlich zwingt Sie niemand, zu arbeiten, denn Sie leben in einem Sozialstaat, der Ihr Überleben auch ohne Arbeit sichert. Aber vielleicht haben Sie sich nie bewusst entschieden. Um neuen Sinn in Ihrem Job zu finden, müssen Sie sich aber bewusst entscheiden. Sie können die Schalter nur umlegen, wenn Sie den Kurs selbst bestimmen.

Falls Sie im Verkauf tätig sind, haben Sie vielleicht schon einmal von den „vier Ls" gehört („L" steht für „lieben"). Diese Strategie besagt, dass Verkäufer nur dann optimale Erfolge erzielen werden, wenn sie ...

- ihr Produkt lieben.
- ihren Job lieben.
- ihr Unternehmen lieben.
- ihre Kunden lieben.

Falls Ihnen das Wort „lieben" zu hoch gegriffen ist, dann ersetzen Sie es einfach durch „mögen". Tatsächlich aber ist auch Liebe eine Frage der Entscheidung. Sie können sich entscheiden, nur noch das zu tun, was Sie lieben. Doch ebenso können Sie sich auch entscheiden, zu lieben, was immer Sie tun!

### *Die Kraft der bewussten Entscheidung*

Wenn Sie sich nicht entscheiden, werden andere für Sie entscheiden. Dann werden Sie von den Werten und Erwartungen anderer Menschen gelenkt werden. Jede bewusste Entscheidung gibt Ihnen hingegen Kraft, Ihre eigenen Werte zu leben.

Wer liebt, was er tut, ist nicht mehr von äußeren Faktoren wie Lob oder Strafe abhängig. Er handelt von innen heraus und weiß selbst am besten, worauf es ihm wirklich ankommt. Eine richtige Entscheidung ist allerdings mehr als bloß ein guter Vorsatz. Wenn Sie sagen: „Ich entscheide mich", heißt das:

- Ich wähle das „Ja“ (und nicht das „Ja, aber“).
- Ich verwandle „Ich muss“ in „Ich will“ – im Denken, Sprechen und Handeln.
- Ich bringe mich ein und ergreife die Initiative.
- Ich mache meinen Beruf zu „meinem Ding“.
- Ich überlege mir, welche Handlungsmöglichkeiten ich habe, und konzentriere meine Kräfte darauf, Probleme zu lösen.

*Zu lieben, was man tut, ist nicht zuletzt auch eine Entscheidung. Wer „Ich will“ statt „Ich muss“ sagt, lässt andere nicht länger über sich entscheiden, sondern wählt selbst. Eine echte Entscheidung erfordert Mut und die Bereitschaft, innerlich „Ja“ zu sagen und die Initiative zu ergreifen.* 30

## 3.2 Prinzip I: Jeder kann in seinem Beruf Erfüllung finden

Untersuchungen zur Arbeitszufriedenheit zeigen, dass das Burn-out-Risiko in einigen Berufen besonders hoch ist – so etwa bei Lehrern, Pflegern oder Angestellten im öffentlichen Dienst. Mangelnde sichtbare Erfolge, Eintönigkeit, fehlendes Feedback oder hohe Ansprüche (auch die eigenen) wirken besonders belastend.
Gibt es also gute und schlechte Berufe? In gewisser Weise ja. Andererseits kennt jeder von uns Menschen, die harte Jobs machen und trotzdem zufrieden sind. Zuvorkom-

mende Kassiererinnen im Supermarkt, freundliche Pfleger im Seniorenheim, gut gelaunte Taxifahrer, begeisterte Lehrer usw. Und auch das Gegenteil kennen wir: Gut bezahlte Banker, Ärzte, Manager oder Professoren, die übel gelaunt und gestresst wirken.
Ebenso, wie jeder in seinem Beruf unglücklich werden kann, kann jeder darin auch glücklich werden. Dies zeigt auch das Ergebnis einer repräsentativen Umfrage von Infratest im Auftrag des Deutschen Gewerkschaftsbundes zu den Arbeitsbedingungen von Arbeitnehmern (DGB-Index 2007). Danach hängt die Arbeitszufriedenheit zwar durchaus mit dem Einkommen und beruflichen Status zusammen, doch die Umfrage zeigt auch, dass es in allen Berufsgruppen immer auch eine kleine Gruppe besonders zufriedener Arbeitnehmer gibt. „Für jede Tätigkeit lassen sich also Bedingungen schaffen, durch die sie zu einer guten Arbeit wird", sagt DGB-Vorsitzender Michael Sommer.

## *Drei Einstellungen*

Woran denken Sie, wenn Sie an Ihren Beruf denken? An einen „Job", den Sie machen müssen, an Ihre „Karriere" oder an eine „Berufung"?
Untersuchungen haben gezeigt: Wer nur seinen Job macht, sieht darin vor allem ein Mittel zum Zweck (des Geldverdienens) und erfährt selten Befriedigung. Wer eher seine Karriere im Auge hat, interessiert sich für Aufstiegsmöglichkeiten, Beförderung und Status und investiert entsprechend mehr Energie. Doch nur Menschen,

die in ihrer Arbeit eine Berufung sehen, erkennen darin einen tieferen Sinn. Sie trennen nicht mehr zwischen „Arbeit“ und „Leben“; sie arbeiten nicht, um möglichst viel zu verdienen, sondern weil sie gerne tätig sind.
Natürlich gibt es unter Künstlern, Dozenten, Wissenschaftlern oder Ärzten besonders viele, die eine Berufung in dem sehen, was sie tun. Umfragen zeigen jedoch, dass jeder von uns Möglichkeiten finden kann, ein Maximum an Erfüllung aus seiner Tätigkeit zu ziehen.

**Putzkraft aus Berufung?**
In einem Krankenhaus in den USA wurden 28 Reinigungskräfte interviewt. Während einige von ihnen keinerlei Sinn in ihrer Arbeit sahen und entsprechend demotiviert waren, gelang es anderen, ihre Arbeit mit Sinn zu erfüllen: Sie waren stolz auf ihre Tätigkeit, die sie als wichtigen Beitrag zur Genesung der Patienten empfanden. Sie kommunizierten häufig mit Kranken und Besuchern und hatten für jeden ein freundliches Wort. Sie setzten sich das Ziel, ihre Arbeit gut und effektiv zu machen, und taten mehr, als sie mussten – zum Beispiel hängten sie neue Bilder auf oder kauften Blumen. Es ging ihnen nicht nur darum, Schmutz zu beseitigen oder Mülleimer zu leeren, sondern es lag ihnen auch am Wohlbefinden der Patienten, Besucher, Ärzte und Pfleger. Und natürlich erlebte die Gruppe der Zufriedenen häufig Flow bei ihrer Arbeit.
In jedem Beruf gibt es Menschen, die Wege finden, sich den Wert ihres Tuns für andere bewusst zu machen und ihr Umfeld mitzugestalten.

***Die passende Glücksstrategie für sich finden***

Voltaire sagte, dass die Arbeit drei große Übel abwendet – die Langeweile, das Laster und die Not; genug Gründe also, sein Verhältnis zum eigenen Beruf zu verbessern. Da jeder Mensch anders gestrickt ist, gibt es keine allgemeingültige Zauberformel, die jedem dabei hilft, seine Arbeit lieben zu lernen. Nicht nur dass jeder von uns einzigartige Interessen, Bedürfnisse und Begabungen hat – jeder Arbeitsprozess bietet zudem andere Möglichkeiten. Während manche Tätigkeiten beispielsweise nicht im Team durchgeführt werden können und „Einzelkämpfer" erfordern, gibt es Berufe, in denen Teamarbeit alles ist.

Zu lieben, was man tut, ist eine Kunst, die sich erlernen lässt. Untersuchungen zeigen, dass es weniger die Tätigkeit an sich ist, die belastet, als vielmehr die fehlenden Gestaltungsmöglichkeiten. Die passende Glücksstrategie für sich zu finden, bedeutet daher auch, seine Einflussmöglichkeiten zu entdecken. Und selbst wenn wir äußerlich nicht viel tun können – auf unsere innere Einstellung haben wir großen Einfluss.

**30** *In jedem Beruf gibt es immer auch einige Zufriedene. Sie sehen ihr Tun als sinnvoll und wichtig an und machen nicht nur einen „Job", sondern folgen ihrer Berufung. Seine Arbeit zu lieben ist eine Kunst, die man nur mit seiner persönlichen Glücksstrategie erlernen kann.*

## 3.3 Prinzip II: Glück im Job ist erlernbar

Ausgeglichenheit und Stressresistenz sind keine Frage der Veranlagung. Sicher: Wer ein sonniges Gemüt hat, der hat es auch im Job leichter. Doch prinzipiell kann jeder von uns eine positive Einstellung gewinnen. Heute weiß man, dass der Glaube an ein angeborenes Talent ein Mythos ist: Gleichgültig ob Musiker, Schachspieler oder Ausdauersportler – wenn jemand etwas besonders gut kann, liegt es vor allem daran, dass er die jeweilige Tätigkeit besonders häufig geübt hat. Übung macht den Meister – und das gilt nicht nur für äußere Leistungen, sondern auch für die innere Haltung.

In Forschungsprogrammen haben Psychologen und Hirnforscher praktizierende Buddhisten mit mehrjähriger Meditationserfahrung genau unter die Lupe genommen. Dabei zeigte sich, dass Glück weniger eine Frage der Veranlagung als vielmehr des Trainings ist. Beispielsweise verändert regelmäßige Meditation die Gehirnstruktur und aktiviert die linke Gehirnhälfte, die für positive Gefühle verantwortlich ist. Mit anderen Worten: Fähigkeiten wie Gelassenheit, Freude oder Achtsamkeit lassen sich gezielt verbessern.

### *Positives Denken reicht nicht*

Das positive Denken gehört zu den Techniken einer „Patentrezept-Psychologie", die es uns ermöglichen soll, unser Leben per Gebrauchsanleitung in kürzester

Zeit grundlegend zu verändern. Während man durch positives Denken zweifellos kurzfristig Energien mobilisieren kann, sind die Erfolge auf Dauer gesehen eher bescheiden.

Im letzten Kapitel dieses Buches werden Sie Wege kennenlernen, die es Ihnen ermöglichen, positive Werte wie Glück, Freude, Optimismus, Akzeptanz, Gelassenheit oder Solidarität in Ihrem täglichen Arbeitsleben einzuüben. Dabei geht es aber nicht so sehr darum, positiv zu denken, als vielmehr um die Anwendung der „Positiven Psychologie“. Die Positive Psychologie ist eine Bewegung innerhalb der Psychologie, die sich nicht auf Mängel und Fehler, sondern auf positive Eigenschaften konzentriert, die also nicht defizit-, sondern ressourcenorientiert ist. In Form von „Positive Leadership“ finden wir Prinzipien der Positiven Psychologie immer öfter in der Unternehmenspraxis.

Vererbte Grundbegabungen und aktuelle Lebensumstände können wir nicht ohne Weiteres verändern. Glück und Zufriedenheit im Job lassen sich jedoch trotzdem erreichen, indem wir uns auf einen dritten Faktor konzentrieren: auf unsere Entscheidung, positiv an unsere Aufgaben heranzugehen.

**30** *Glück, Gelassenheit und Zufriedenheit können gezielt trainiert werden. Im Gegensatz zum positiven Denken verhilft uns die Positive Psychologie dazu, optimistische Verhaltens- und Denkweisen konkret einzuüben.*

## 3.4 Prinzip III: Das „Wie" ist wichtiger als das „Was"

Wer lustlos handelt, wird selbst dann unzufrieden sein, wenn ihm ein interessantes, anspruchsvolles Projekt anvertraut wird. Umgekehrt können wir selbst so einfachen Tätigkeiten wie Tellerspülen oder Telefonieren Wertvolles abgewinnen, wenn wir dabei mehr auf das „Wie" als auf das „Was" achten.

Damit das gelingt, ist es wichtig, zunehmend intrinsische Ziele zu verfolgen. „Intrinsisch" bedeutet, dass wir „von innen her" aktiv werden. Wer intrinsisch motiviert ist, lässt sich also nicht von äußeren Zwängen, sondern von seinem Interesse und seinen Werten leiten. Und er empfindet sein Tun an sich bereits als sinnvoll und befriedigend.

Im Gegensatz dazu sind „extrinsische", also „von außen angeregte" Ziele meist nur Mittel zum Zweck. Wer extrinsisch motiviert handelt, gehorcht dem Gesetz von Zuckerbrot und Peitsche. Belohnung oder Strafe, soziale Anerkennung, Image und Einkommen sind dann die Beweggründe für sein Handeln. Wer jedoch nur noch arbeitet, weil er eine Gegenleistung erwartet, wird auf Dauer keine Befriedigung erfahren. Konzentrieren Sie sich auf das „Wie" Ihres Handelns. Geben Sie alles, was Sie haben. Tun Sie, was getan werden muss – aber nicht, weil Sie dazu gezwungen oder manipuliert worden sind, sondern weil Sie sich dafür entschieden haben.

**Intrinsische Motivationstipps**

Im Folgenden finden Sie einige Gedankenspiele, die Ihnen dabei helfen, Ihre Konzentration auf das „Wie“ zu lenken und den Wert Ihrer Arbeit zu entdecken:

- Setzen Sie sich attraktive Ziele – sowohl für dieses Jahr als auch für die nächsten fünf Jahre. Was können Sie in dieser Zeit alles bewirken und verändern? Denken Sie dabei sowohl an äußere Erfolge als auch an innere „Wohlfühlziele“.
- Malen Sie sich in den buntesten Farben aus, wie es sich anfühlen wird, wenn Sie nicht mehr gegen innere Widerstände ankämpfen müssen, sondern stattdessen mit ganzem Herzen handeln. Wie wird sich das auf Ihre Energie und Lebensfreude auswirken?
- Meist sind äußere Erfolge umso größer, je begeisterter man bei der Sache ist. Fallen Ihnen Beispiele von Menschen ein, die vor allem deshalb so erfolgreich sind, weil sie wirklich lieben, was sie tun?
- Versuchen Sie sooft wie möglich, Flow-Zustände zu erreichen. Das fällt am leichtesten, wenn Sie sich jeweils auf die Aufgabe konzentrieren, die gerade ansteht. Achten Sie dabei mehr auf die kleinen Schritte als auf das große Ziel. Geben Sie Ihr Bestes und vertrauen Sie darauf, dass dieses Beste zu optimalen Resultaten führen wird.
- Sie können Flow-Zustände nur herstellen, wenn Sie Ihre Fähigkeiten den Anforderungen anpassen. Aufgaben, die Sie nicht bewältigen können, erzeugen Angst und Stress. Sind Sie hingegen unterfordert, werden Sie sich langweilen. Falls die Ansprüche zu hoch sind, ist es wichtig, seine Fähigkeiten zu

erweitern; sind die Ansprüche hingegen zu niedrig, dann erhöhen Sie doch einfach die Schwierigkeiten: Stellen Sie innerlich Rekorde auf oder suchen Sie nach Anregungen in Ihrer Umgebung, die es Ihnen erleichtern, am Ball zu bleiben.

### *Die Macht der Konzentration*

Wer konzentriert ist, schützt sich vor Zerstreuung, Grübeln und negativen Selbstgesprächen. Durch Konzentration können Sie Ihre Energie gebündelt auf eine Tätigkeit lenken. Indem Sie alles ausblenden, was nicht zur jeweiligen Aufgabe gehört, werden Sie nicht nur optimale Ergebnisse erzielen – Sie werden sich auch rundum wohl und ganz im Fluss fühlen. Konzentration lässt sich ebenso trainieren wie ein Muskel. Je öfter und intensiver Sie sich auf Ihre Tätigkeit konzentrieren, desto besser. Allerdings sind Teilziele dabei besonders wichtig, da Sie sich konkret auf sie konzentrieren können, was beim Endziel nicht der Fall ist.

Und noch etwas ist zu beachten: Sie brauchen eine Anlaufphase. Sie müssen sozusagen den Ofen vorheizen. Was Sie tun, ist dabei nicht so wichtig – ob Sie einen Geschäftsbrief tippen, Kunden am Telefon beraten, einen Werbeslogan entwickeln oder Mails beantworten: Anfangs müssen Sie Ihre Aufmerksamkeit bewusst eine Weile auf Ihre Tätigkeit fokussieren. Laut Csikszentmihalyi müssen wir uns etwa 30 Minuten lang etwas anstrengen, bevor wir einen Zustand der Mühelosigkeit erreichen. Das ist auch der Grund dafür, warum Menschen rund viermal so viel Zeit mit Fernsehen verbringen als mit Sport, Spielen, Musizieren, Lesen und anderen Freizeitbeschäftigungen. Zum Fernsehen braucht man nur eine Fernbedienung, für alle anderen Tätigkeiten hingegen etwas Aktivierungsenergie. Doch auch wenn Flow-Aktivitäten anspruchsvoller sind – anschließend werden Sie sich wesentlich erfüllter fühlen.

***Sie können Ihren Job nur lieben, wenn Sie sich bewusst entscheiden, einzusteigen statt auszusteigen. Das lohnt sich, denn Umfragen zeigen, dass es prinzipiell in jedem Beruf möglich ist, Sinn und Glück zu erfahren. Einige Punkte sind dabei zu beachten:***

- ***Versuchen Sie, Ihre Arbeit nicht nur als Job, sondern als Berufung zu sehen. Welchen Sinn hat Ihr Tun – nicht nur für Sie, sondern auch für andere?***
- ***Glück im Job lässt sich lernen oder besser gesagt trainieren – geben Sie daher nicht zu schnell auf.***
- ***Lösen Sie sich von äußeren Zwängen, indem Sie intrinsisch, also von innen heraus handeln. Welche Werte können Sie bei Ihren Tätigkeiten zum Ausdruck bringen?***
- ***Entwickeln Sie Ihre Konzentration. Sie können dadurch Stress abbauen, negative Gedanken durchbrechen und optimale Erfolge erzielen.***

# 30 MINUTEN

# 4. Mit ganzem Herzen handeln

Haben Sie schon einmal daran gedacht, sich selbst zur Arbeit mitzunehmen? Sicherlich: Körperlich sind Sie natürlich anwesend, wenn Sie bei der Arbeit sind – aber sind Sie es auch innerlich?
„Sich selbst mitnehmen" heißt, dass wir uns weder auf die ferne Insel träumen noch ungeduldig auf den Feierabend warten, während wir unseren Job machen, sondern dass wir versuchen, unser Interesse und unsere Begeisterungsfähigkeit zu wecken. Vor allem aber bedeutet „sich selbst mitzunehmen", dass wir mit dem Herzen bei den Dingen sind, die wir tun, statt uns von Routine, Halbherzigkeit oder Desinteresse leiten zu lassen.

## 4.1 Einen Fluss kann man nicht in Scheiben schneiden

Glück hat sehr viel damit zu tun, aktiv und tätig zu sein. Glück gleicht einem strömenden Fluss. Und im Idealfall sollte unser ganzes Leben in diesen Fluss eingebettet sein – also nicht nur die „Freizeit", sondern auch die „Arbeitszeit".

Dass Arbeiten und Leben nicht voneinander zu trennen sind, kann man besonders gut bei Menschen in kreativen Berufen beobachten. Ein Schriftsteller hört nicht auf, sich innerlich mit seinem Roman zu beschäftigen, nur weil es 17 Uhr oder Wochenende ist. Neben Künstlern behaupten auch Politiker oder Wissenschaftler oft, dass sie im Grunde „nie" beziehungsweise „immer" arbeiten. Doch auch in allen anderen Berufen gibt es Menschen, die ihre Arbeit lieben.

Natürlich macht Arbeit allein nicht glücklich – übrigens nicht einmal im vermeintlichen Traumjob. Aber andererseits sind diejenigen, die mit ihrem Beruf zufrieden sind, auch allgemein glücklicher. Zudem fällt es ihnen leichter, sich auch in ihrer Freizeit sinnvoll zu beschäftigen, und sie neigen weniger zu Suchtverhalten.

Wissenschaftler haben bei überdurchschnittlich glücklichen Menschen einige typische Verhaltensweisen erkannt. Glückliche Menschen ...

- setzen sich in ihrem Beruf voll ein – sie leben (und arbeiten) nicht auf Sparflamme.
- bieten ihren Kollegen oft Hilfe an und versuchen, Wogen zu glätten, wenn es zu zwischenmenschlichen Problemen kommt.
- können leicht „Danke" sagen und tun es auch.
- blicken optimistisch in die Zukunft.

- verbringen ausreichend Zeit mit ihrem Partner oder ihrer Familie; sie pflegen ihre Freundschaften und sehen ihre Beziehungen als wertvoll an.
- genießen ihr Leben.
- reagieren gelassen auf Krisen und Herausforderungen – nicht nur im Job, sondern auch bei Beziehungsproblemen, Krankheiten usw. Mit anderen Worten: Sie können gut mit Stress umgehen.

*Solange wir Arbeit und Leben trennen und unseren Job nur als Mittel zum Zweck sehen, arbeiten wir nur, um zu leben. Doch wenn wir unser berufliches Schaffen als sinnvollen Teil unseres Lebens anerkennen, können wir mit ganzem Herzen bei der Sache sein, was die Voraussetzung für Glück und Harmonie ist.* 30

## 4.2 Ihr Job hält Ihnen den Spiegel vor

Ganz gleich, welche Probleme wir in unserem Arbeitsalltag haben – sie sagen immer auch viel über uns selbst aus. Ebenso wie unsere Partnerschaft kann unser Beruf uns als Spiegel dienen. Wo stehen wir? Welche Probleme tauchen regelmäßig auf – und zwar unabhängig davon, welchen Beruf wir haben? Mit welchen Themen haben wir es zu tun?

Natürlich gibt es auch einige typische Probleme, die untrennbar mit dem Arbeitsleben verbunden sind. Sie treten quasi automatisch auf, wenn Menschen mit unterschiedlichen Charakteren zusammenarbeiten und sich organisieren müssen. Neben diesen generellen Problemen gibt es aber auch ganz spezifische Schwierigkeiten. Und genau die können uns helfen, uns selbst einmal genauer unter die Lupe zu nehmen: Welche Altlasten tragen wir mit uns herum? Welche belastenden oder schmerzlichen Erfahrungen prägen unsere Einstellung zu Autorität, Pflicht, Motivation und Berufsalltag? Welche Glaubenssätze spielen eine Rolle? Hier eine Liste mit Anregungen, die dabei helfen, den wahren Ursachen für Ihren Jobfrust auf die Spur zu kommen.

| **Typische Probleme im Berufsalltag** | **Mögliche Ursachen** |
|---|---|
| Probleme mit Kollegen oder Vorgesetzten | Mangelnde Abgrenzung, zu starke Identifikation, unklare Kommunikation, mangelndes Selbstbewusstsein, mangelndes Einfühlungsvermögen, Anpassungsprobleme, Neigung zum Grübeln, schädliche Rollenspiele |

| Typische Probleme im Berufsalltag | Mögliche Ursachen |
|---|---|
| Probleme mit Terminen, Deadlines oder Regeln | Schwierigkeiten im Zeitmanagement, „Aufschieberitis“, mangelnde Motivation, mangelndes Verantwortungsbewusstsein, mangelnde Konzentrationsfähigkeit |
| Ängste – zum Beispiel vor Jobverlust | Zukunftsängste, Sorgsucht, Mangel an Vertrauen, Mangel an Selbstbewusstsein, Orientierungslosigkeit, fehlende Plan-B-Alternative, Pessimismus, Neigung zum Grübeln |
| Probleme mit Stress und/oder Burn-out | Überforderung, Perfektionismus, hohe Erwartungen an sich selbst, Versagensängste, übertriebene Opferbereitschaft, Mangel an gesunden Ausgleichsmöglichkeiten, Schwierigkeiten, sich zu entspannen |
| Frust, Sinnlosigkeit | Verlust der eigenen Ziele, Schwierigkeiten, eigene Werte zu bestimmen und/oder zu leben, Routine, oberflächliche Sichtweise, Pessimismus |

Natürlich gibt es auch äußere Faktoren, die einem den Berufsalltag zur Hölle machen – arrogante Chefs, zu hoher Zeit- und Leistungsdruck oder mangelndes Feedback, um nur einige zu nennen. Dennoch sollten wir unsere Aufmerksamkeit auf die Faktoren lenken, die wir selbst beeinflussen können. Dabei geht es aber nicht um Schuldzuweisungen, sondern darum, sich Zusammenhänge bewusster zu machen.

- Wenn Sie dazu neigen, Ihre Aufmerksamkeit auf das Negative zu lenken, werden Sie das auch in Ihrem Beruf tun – und so viele positive Dinge übersehen.
- Wenn Sie sich oft mit anderen vergleichen, werden Sie nicht nur unzufrieden (denn natürlich gibt es immer Menschen, die mehr können, mehr haben, intelligenter oder schöner sind als wir), sondern Sie werden Ihre Kollegen auch eher als Konkurrenten sehen.
- Wenn Sie zum Grübeln neigen, werden Sie nicht nur Ihr Privat-, sondern auch Ihr Arbeitsleben immer wieder infrage stellen. Sie werden darüber nachgrübeln, ob Sie das Falsche getan oder gesagt haben und welche Folgen das hat. Sie werden Ängste um Ihren Arbeitsplatz entwickeln und übersehen, welche Vorteile sich aus der jeweiligen Situation ergeben könnten.

### Nutzen Sie das Innere, um das Äußere zu verwandeln

Sie glauben, dass Sie nur Ihren Job, Ihren Chef oder Ihren Computer austauschen müssten, um mehr Befriedigung im Beruf zu erleben? Oder dass Sie für mehr Gehalt oder weniger Überstunden kämpfen müssen, damit der Jobfrust schwindet?

All das ist zwar naheliegend, aber leider ist es auch falsch. Zahlreiche Untersuchungen belegen, dass eine Veränderung der äußeren Umstände kaum Einfluss auf unser Glück hat. Wir verwenden eine Menge Energie darauf, äußere Faktoren zu verändern – und machen die Rechnung ohne die „hedonistische Anpassung“. Sie besagt, dass wir uns leider allzu schnell an Veränderungen gewöhnen – auch an positive! Dies gilt schon für die „sensorische Anpassung“ – wer aus der Sauna ins Kühle flieht, fühlt sich zwar kurzzeitig wohl, doch schnell wird die Veränderung als „normal“ und bald vielleicht schon als „zu kalt“ empfunden. Ebenso werden auch Veränderungen wie Umzüge, Jobwechsel, Gehaltserhöhungen oder Beförderungen nur kurzzeitig als beglückend empfunden.

Wesentlich effektiver ist es daher, das Innere zu nutzen, um das Äußere zu verwandeln. Falls es Ihnen beispielsweise an Anerkennung mangelt, könnten Sie sich selbst gelegentlich ein Lob aussprechen. Experten wissen sehr gut, wann ihnen etwas gelungen ist und wann nicht. Sie brauchen niemand anderen, um sich selbst positive Rückmeldung zu geben. Ebenso können Sie an Ihren Reaktionen auf Stress arbeiten. Oder an Ihrer Sichtweise, an Ihrer Gelassenheit, Ihren Werten, Zielen oder Ihrem Selbstwertgefühl. Jede noch so kleine innere Veränderung kann sich stark auf das Außen auswirken.

30 *Ob Angst vor dem Jobverlust, Schwierigkeiten mit Vorgesetzten oder Stress – alle Probleme, die Ihnen im Beruf begegnen, können Ihnen als Spiegel für Ihre eigene Entwicklung dienen.*

## 4.3 Prinzip IV: Nur wer mit ganzem Herzen handelt, entdeckt die Freude im Tun

Sie können in jedem Beruf mit ganzem Herzen handeln. „Mit dem Herzen handeln" heißt nicht, dass Sie versuchen müssen, die Welt zu retten. Es geht nicht so sehr darum, etwas Gutes zu tun, als vielmehr darum, „etwas gut zu tun". Emil Oesch sagte einmal: *Wichtige Dinge nur halb zu tun, ist nahezu wertlos; denn meistens ist es die andere Hälfte, die zählt.*

Es gibt viele Möglichkeiten, „mehr Herz" in die Arbeit zu bringen:

- Arbeiten Sie, ohne zu grübeln oder sich ablenken zu lassen.
- Schenken Sie anderen Freude – Ihren Mitarbeitern, Kunden oder Angestellten.
- Gehen Sie nachsichtig mit schwierigen Menschen um – Sie wissen nie, welche Probleme sie mit sich herumtragen.
- Wechseln Sie die Perspektive: Stellen Sie von „Jammern" auf „Achtsamkeit" um und schärfen Sie Ihren Blick für Details und positive Kleinigkeiten.

- Machen Sie interne Verbesserungsvorschläge, statt Sabotagepläne zu schmieden.
- Fragen Sie sich, warum Sie ausgerechnet diesen Beruf einmal gewählt haben. Was waren Ihre Ziele? Welche Entwicklungsmöglichkeiten haben Sie damals für sich gesehen?
- Gehen Sie in die Tiefe. Beispielsweise gibt es Verkäufer, die sich wirklich um ihre Kunden kümmern, Ärzte, die aufrichtig an ihren Patienten als Menschen interessiert sind, oder Journalisten, denen es nicht um Sensationen, sondern darum geht, die Wahrheit ans Licht zu bringen usw. Je tiefer Sie einsteigen, desto mehr Sinn werden Sie in Ihrer Tätigkeit entdecken.
- Arbeiten Sie professionell - egal ob Sie Longdrinks servieren oder Unternehmer beraten. Nutzen Sie all Ihre Erfahrungen und überlegen Sie, wie Sie das Ergebnis verbessern können.

### *Glücksfaktor Dankbarkeit*

Der Psychologe Martin Seligman führte vor einigen Jahren eine Studie mit schwer depressiven Patienten durch. Auf einer Internetseite sollten sie täglich drei kleine positive Erlebnisse notieren. Das konnten ganz banale Sachen sein - zum Beispiel „Heute hat die Sonne geschienen" oder „Die Salatsoße war ausgezeichnet". Schon nach 14 Tagen gaben über 90 Prozent der Versuchsteilnehmer an, sich deutlich wohler zu fühlen. Aus den schweren wurden mittelgradige und manchmal sogar nur noch leichte Depressionen. Auch im Berufsle-

ben kann Dankbarkeit zum entscheidenden Glücksfaktor werden. Etwas nicht als selbstverständlich anzusehen, einen Kollegen wertzuschätzen, in einer negativen Erfahrung das Positive zu entdecken oder sich darüber zu freuen, dass wir überhaupt arbeiten und Geld verdienen können – all das sind konkrete Möglichkeiten, negative Einstellungen wie Sorgen, Konkurrenzdenken oder Verbitterung zu durchbrechen.
Viele Untersuchungen belegen, dass dankbare Menschen nicht nur gelassener, hilfsbereiter und optimistischer sind, sondern dass sie sozial besser vernetzt und in ihrem Job auch glücklicher sind. Sie können besser mit Stress umgehen und bewältigen Krisen leichter. Im Gegensatz zu Menschen, die sich auf Ärgernisse und negative Erfahrungen konzentrieren, sind dankbare Menschen zufriedener und leiden sogar seltener an Erkältungen, Kopf- oder Rückenschmerzen.

**Das Dankbarkeits-Tagebuch**
Führen Sie ein kleines Dankbarkeits-Tagebuch. Denken Sie dazu jeden Abend an die Ereignisse des vergangenen Tages zurück. Machen Sie mindestens drei (besser fünf) Dinge ausfindig, für die Sie dankbar sind oder über die Sie sich gefreut haben – am besten solche, die Ihnen in Ihrem Joballtag begegnet sind. Es ist gut möglich, dass darunter einige Punkte sein werden, die Sie bisher für selbstverständlich hielten oder gar nicht beachtet haben. Lassen Sie sich überraschen!

30

***Nur wenn wir mit ganzem Herzen handeln, können wir Freude und Befriedigung im Job finden. Dazu ist es nötig,***

- ***Leben und Arbeiten als Einheit anzusehen.***
- ***Probleme im Job bewusst als Spiegel für mehr Selbsterkenntnis zu nutzen.***
- ***nicht zu viel Energie darauf zu verwenden, Äußerlichkeiten zu verändern, sondern an unseren Glaubenssätzen und Einstellungen zu arbeiten.***
- ***auch bei scheinbar unbedeutenden Tätigkeiten in die Tiefe zu gehen.***
- ***sein Augenmerk auf all die Kleinigkeiten zu richten, für die wir dankbar sein können.***

# 30 MINUTEN

# 5. Auswege aus dem Jobfrust

Ein positives Verhältnis zu seinem Beruf zu schaffen, ist anfangs nicht immer leicht. Oft stecken wir in Mustern fest, die uns zum Opfer der täglichen Umstände und äußeren Zwänge machen. Wir haben dann das Gefühl, dass wir unseren Job machen *müssen*, dass wir immer mehr leisten *müssen* und zu allem Überfluss auch noch Angst um unseren Arbeitsplatz haben *müssen*. Um diese Muster extrinsischer Motivation zu sprengen, brauchen wir Strategien, die uns dabei helfen, wieder zunehmend von innen heraus zu agieren. Und da jeder Mensch und jeder Job anders ist, muss auch jeder von uns seinen eigenen, individuellen Weg finden.

## 5.1 Die Kraft der Gegenwart nutzen

Sie können Sorgen, Frustration, Hektik oder Stress abstellen, indem Sie Ihre Aufmerksamkeit verlagern: raus aus dem Gedankenkarussell, weg von Ihren Vorstellungen und Tagträumen und stattdessen hin zum jetzigen Augenblick.

- Die Kraft der Gegenwart hilft dem Kurierfahrer, seine Aufmerksamkeit ganz auf die Straße, die Umgebung oder seinen Atem und seine Körperhaltung zu richten; sie hilft ihm, Flow zu erfahren, während er über die Autobahn fährt, um Pakete abzuliefern.
- Die Kraft der Gegenwart ermöglicht es dem Verkäufer, seinem Kunden vollkommene Aufmerksamkeit zu schenken, da er gedanklich nicht abschweift und zum Beispiel nicht darüber nachdenkt, was er nach Feierabend unternehmen wird.

**Gegenwärtig sein: Zehn Vorteile**

Sein Augenmerk auf das Hier und Jetzt zu lenken lohnt sich, da ...

1. Sie ohnehin nirgendwo anders sein können.
2. Ihre Konzentration dadurch geschult wird.
3. Sie sich dann nicht mehr so leicht aus der Ruhe bringen lassen.
4. Sie dadurch leichter eine Flow-Persönlichkeit entwickeln und das „Tun um des Tuns willen“ für sich entdecken können.
5. Ihnen Macht, Geld und Status dann nicht mehr so wichtig sein werden, da Ihre Tätigkeiten die Belohnung bereits in sich selbst tragen.
6. Sie auf diese Weise Ihr Leben entschleunigen, mehr Energie sammeln und sich wohler fühlen werden.
7. Sie dabei neue Werte entdecken werden, die den Bedürfnissen Ihres Herzens besser entsprechen.

8. Sie dadurch wacher, aufmerksamer und offener werden, was sich wiederum positiv auf Ihre Effektivität und Ihre Karrierechancen auswirken wird.
9. Sie gelassener werden.
10. Sie glücklicher werden.

### *Immer nur ein Schritt*

Es ist gar nicht so schwer, ganz und gar in seinen Tätigkeiten oder Aufgaben aufzugehen, sofern man sich erst einmal wirklich auf sie einlässt. Oder wie Carl Hilty es ausdrückte: *Bei jeder Arbeit ist es vor allem wichtig, dass man zuerst einmal einfach irgendwie anfängt. Dann kommt die Sache in Fluss.* Doch „Just do it“ reicht nicht. Ebenso wichtig ist es, bei allem, was wir tun, immer nur einen Schritt zu machen. Wer immer schon drei Schritte vorausdenkt, stolpert leicht und verbreitet Stress.

Aus ähnlichen Gründen ist auch Multitasking mit Vorsicht zu genießen. Wer alles auf einmal machen will, macht nichts hundertprozentig. Auch ist der Eindruck von Gleichzeitigkeit falsch: Zwar stimmt es, dass wir blitzschnell von einer Aufgabe zur nächsten um- und wieder zurückschalten können, dennoch erledigen wir dabei letztlich doch immer nur eine Sache auf einmal. Multitasking macht es einem schwer, konzentriert und gelassen zu bleiben. Das können Sie leicht selbst feststellen: Wie fühlen Sie sich, wenn Sie Ihr Auto durch den Berufsverkehr lenken, während Sie zugleich ein Telefonat am Handy führen und auf die Straßenkarte auf dem Beifahrersitz schielen? Ausgeglichen und ganz bei sich? Oder doch eher gestresst und nervös? Wenn Sie immer nur einen Schritt nach dem anderen tun – ganz bewusst und mit voller Aufmerksamkeit –, werden Sie effektiver arbeiten.

### *Grübeln Sie sich unglücklich?*

Die Glücksforschung konnte aufzeigen, dass unser Denken uns oft unglücklich macht. Natürlich sind Denken und Nachdenken wichtig – etwa wenn es darum geht, neue Ideen zu entwerfen, logisch zu argumentieren oder Situationen auszuwerten. Doch „zu viel denken" ist fatal. Das gilt insbesondere für negative Gedanken: Sie schwächen unsere Konzentration und unsere Fähigkeit, Probleme zu lösen. Sie untergraben unsere Motivation, verursachen Nervosität, Sorgen und Selbstzweifel. Wer in die Grübelfalle tappt, wiederholt die immer gleichen negativen Glaubenssätze. Meist beginnen typische Grübelschleifen mit Sätzen wie: „Das schaffe ich nie", „Immer sage ich das Falsche, wenn ich im Meeting sitze", „Was muss nur der Chef von mir denken, wenn ich das schon wieder vermassele?", „Warum bekommt der Kollege Meier eine Gehaltserhöhung und ich nicht?" usw. Sie wollen mehr Spaß an Ihrem Job haben und nebenbei noch etwas für Ihr Selbstbewusstsein tun? Dann unterbrechen Sie konsequent alle destruktiven Selbstgespräche. Lassen Sie sich gar nicht erst auf Denkspiralen ein, die Sie nach unten ziehen. Die Dinge verändern sich laufend, und worüber Sie auch immer momentan nachgrübeln – schon in kürzester Zeit wird das in Ihrem Leben keine Rolle mehr spielen.

**Die Stopp-Technik**

Besorgen Sie sich ein kleines Notizbuch. Achten Sie während Ihrer Arbeit immer wieder einmal auf das, was Sie denken. Jedes Mal, wenn Sie sich bei negativen Selbstgesprächen erwischen, sagen Sie innerlich: „Stopp! Jetzt nicht!" Notieren Sie dann stichpunktartig den Inhalt Ihrer Gedanken (beispielsweise „Sorgen", „Jammern", „Selbstzweifel" oder „Kritisieren") und wenden Sie sich anschließend wieder ganz und gar Ihrer momentanen Tätigkeit zu.

Die Stopp-Technik hilft wirksamer gegen düstere Gedanken als Knoblauch gegen Vampire. Zudem werden Sie mit der Zeit interessante Muster erkennen: Gedanken oder Gefühle, die es Ihnen regelmäßig schwer machen, „bei sich zu bleiben". Wenn Sie sich am Abend noch einmal kurz mit Ihren Notizen beschäftigen, werden Sie sehen, wie unbedeutend die meisten Gedanken sind, denen Sie so oft zum Opfer fallen.

### *Fokussiert und achtsam sein*

Durch Ihre Aufmerksamkeit filtern Sie Ihre Wahrnehmungen: die Guten ins Töpfchen, die Schlechten ins Kröpfchen. Die „Schlechten" sind die Informationen, die Sie ausblenden, da sie im Moment nichts zur Sache tun. Um vollständig in die Gegenwart eintauchen zu können, sollten Sie lernen, Ihre Aufmerksamkeit zu fokussieren. Einen Teil Ihrer Aufmerksamkeit müssen Sie in Ihrem Beruf ohnehin immer aufwenden, da Sie sonst weder einen Betrag in die Kasse eintippen noch ein Telefonat führen oder Termine organisieren könnten. Doch nur ein hohes Maß an Aufmerksamkeit garantiert, dass Sie wirklich Ihr Bestes geben, was sowohl dem äußeren Ergebnis als auch Ihrer Lebensfreude zugutekommt. Sein Bestes zu geben hat jedoch nichts mit Perfektionszwang zu tun. Es geht ausschließlich um das, was Haile Gebrselassie, Olympiasieger und Ehrenbotschafter der UN, einmal in einem Interview sagte: *Ich versuche immer, mein Bestes zu geben. Wenn mir das gelingt, bin ich auch zufrieden mit mir – ob ich gewinne oder verliere, das ist mir dann egal.*

Aufmerksamkeit ist unerlässlich, um Leidenschaft, Begeisterung, Freude oder Flow erleben zu können. Und da jeder Mensch nur über ein gewisses Maß an Aufmerksamkeit verfügt, ist es wichtig, diese bewusst zu steuern. Im Job bietet es sich an, sich intensiv auf seine *Tätigkeiten* zu fokussieren und Nebensächliches auszublenden. Anfangs sollten Sie etwas Geduld haben, doch sobald Ihre Konzentration eine bestimmte Stufe der Intensität erreicht hat, wird alles sehr einfach. Apropos „einfach": Eine besonders einfache Art, Ihre Aufmerksamkeit zu lenken, besteht darin, achtsam zu sein. Achtsamkeit ist ein wichtiger Pfeiler der fernöstlichen Meditation. Die Schulung der Achtsamkeit hat nachweislich viele gesundheitliche Vorteile und sie wirkt Stress, Ängsten und Depressionen entgegen.

Wie aber können Sie in Ihrem Job achtsam sein? Ganz einfach, indem Sie Ihre Aufmerksamkeit kontinuierlich

auf alles richten, was in jedem Moment geschieht – beispielsweise auf Ihre Handlungen, Begegnungen und Empfindungen. Ebenso können Sie aber auch Ihre Körperhaltung achtsam wahrnehmen: Stehen oder sitzen Sie? Wie fühlt sich Ihr Körper in diesem Moment an? Ist Ihr Rücken aufrecht? Sind Schultern und Gesichtsmuskeln entspannt?
Auch der Atem ist ein gutes Achtsamkeitsobjekt. Ihren Atem „haben Sie immer dabei", egal welchen Job Sie machen. Konzentrieren Sie sich also zwischendurch auf Ihre Atmung: Wie atmen Sie, während Sie telefonieren, Taxi fahren, Börsenkurse studieren, Regale einräumen ...? Tief oder flach? Langsam oder hastig? In den Bauch oder eher in die Brust?
Bei der Entwicklung der Achtsamkeit geht es nicht darum, etwas „richtig" zu machen. Es reicht vollkommen, zu beobachten und wahrzunehmen. Bewertungen und Urteile würden wiederum zu Grübelei führen und Sie von dem ablenken, worum es geht: ganz bei sich selbst anzukommen.

30

*Sie können die Kraft der Gegenwart nutzen, um wieder mehr Kontakt zu sich selbst aufzunehmen. Auf diese Weise schaffen Sie sich mehr inneren Freiraum und können belastende Situationen gelassener bewältigen.*

## 5.2 Für guten Kontakt sorgen

In jedem Beruf treffen wir zwangsläufig andere Menschen. Auch wenn wir keinen ausgesprochenen „Teamjob" haben – mit Kollegen, Kunden, Zulieferern, Patienten, Klienten oder Auszubildenden haben wir es immer zu tun.
Reibereien und das Gefühl von Isolation gehören zu den Faktoren, die besonders oft zu Jobfrust führen. Doch das muss nicht sein: Jeder von uns kann auf andere zugehen und das Eis brechen. Und jeder kann dazu beitragen, die zwischenmenschliche Atmosphäre zu verbessern.
Die Fähigkeit, eine tiefe Verbindung zu seinen Mitmenschen aufzubauen, ermöglicht weitreichendes Verständnis für die Probleme des anderen. Statt unsere Kollegen als Konkurrenten anzusehen oder uns an Intrigen und Mobbing zu beteiligen, können wir unsere Aufmerksamkeit auf die Gemeinsamkeiten verlagern. Zu wissen, dass wir letztlich alle im selben Boot sitzen, genügt oft schon, um unzählige Konflikte zu vermeiden.

### *Mehr Empathie entwickeln*

„Empathie" bezeichnet die Fähigkeit, sich in die Sichtweise anderer Menschen einzufühlen. Sie handeln immer dann empathisch, wenn Sie ein Gespür für die Bedürfnisse Ihres Gegenübers entwickeln. Und auch hier macht Übung den Meister: Nutzen Sie jedes Gespräch mit Kunden, Kollegen oder Vorgesetzten, um herauszufinden, worum es dem anderen wirklich geht. Gerade wenn Konflikte herrschen, ist es hilfreich, sich bewusst zu machen, dass der andere ebenso ein fühlendes Wesen mit Bedürfnissen ist, wie wir selbst es sind. Da jeder gerne mit Respekt behandelt wird, sollten Sie auch dann versuchen, Ihren Gesprächspartner zu respektieren, wenn Sie seine Meinung nicht teilen. Wenn Sie genau zuhören und darauf achten, was der andere eigentlich ausdrücken will, können Sie in Gesprächen für einen gesunden Abstand sorgen und werden zunehmend Flow erleben.

Empathie ermöglicht es Ihnen, Ihr Gegenüber genauer kennenzulernen und mitfühlender zu reagieren. Schwierig wird es natürlich, wenn der andere Ihnen nicht den Respekt erweist, den Sie ihm entgegenbringen. Dennoch ist (in diesem Fall einseitiges) Mitgefühl die einzige Chance, Mauern einzureißen und für mehr Verbundenheit zu sorgen.

### *Nicht zu viel vom anderen erwarten*

Wir alle sehnen uns nach Anerkennung. Tatsache ist jedoch, dass nur wenige von uns tosenden Applaus für ihre Tätigkeiten erwarten können. Erwarten Sie also besser nicht, dass Sie positive Rückmeldungen bekommen werden. Wenn es passiert, ist das schön – aber wenn nicht, sollten Sie sich deshalb keine grauen Haare wachsen lassen. Nüchtern betrachtet gilt in der Arbeitswelt, dass jeder seine Aufgaben zu erledigen hat.

Dass wir andere durch unsere professionelle Arbeit unterstützen, wird meist als selbstverständlich angesehen.
Und Hand aufs Herz: Wann haben Sie Ihrem Kollegen zuletzt positive Rückmeldung gegeben und ihn dafür gelobt, dass er einen guten Job macht? Oder sich bei Ihrem Chef für den Wasserspender bedankt, den er im Gang hat aufstellen lassen?
Tatsache ist: Wenn wir nicht gerade Schauspieler, Models oder Popstars sind, werden wir selten ein positives Wort zu hören bekommen. Ganz nach dem Motto: „Nichts gesagt ist schon genug gelobt." Und vielleicht noch ein Trost: Gerade Menschen, die im Mittelpunkt stehen und reich und berühmt sind, sehnen sich besonders stark nach Anerkennung. Und selbst von ihnen bekommen nur die wenigsten einen Oscar ...

### *Nicht zu hart urteilen*

Nobody is perfect! Und da wir es selbst nicht sind, sollten wir auch milder über andere urteilen. Jeder überschreitet mal eine Deadline, lässt eine Mail unbeantwortet liegen, schnauzt einen Kollegen an oder reagiert rücksichtslos, weil er schlechte Laune hat. Und bestimmt haben auch Sie schon mal unter Kopfschmerzen, Schlafstörungen, Ehestreitigkeiten oder depressiven Verstimmungen gelitten – und diese Probleme dann ungewollt mit ins Büro genommen ... Auch wenn's schwerfällt: Versuchen Sie, die negativen Seiten an Ihren Mitmenschen nicht überzubewerten. Versuchen Sie vor allem, herauszufinden, warum der andere so handelt, wie er handelt. Hinter jedem noch so ärgerlichen Verhalten versteckt sich eine positive Absicht. Urteilen Sie nicht zu früh. Sorgen Sie für eine wohltuende Distanz, indem Sie bestimmte Dinge nicht bewerten, sondern einfach einmal stehen lassen und Geduld haben. Die einfachste Möglichkeit, die Atmosphäre zu reinigen, besteht oft darin, den Dingen einfach ihren Lauf zu lassen.

### *Vergeben lernen*

Verletzt zu werden ist eine harte Erfahrung. Kollegen oder Vorgesetzte, die ungerecht oder beleidigend handeln, sind eine große Herausforderung an unser Mitgefühl. Die natürliche Reaktion auf Verletzungen besteht darin, zurückzusticheln und es dem anderen mit gleicher Münze heimzuzahlen. Doch Rache ist eine Reaktion, die viel Energie kostet und zu keiner Lösung führt. Das Gleiche gilt für Frustration. Besser ist es, dem anderen aufrichtig zu vergeben. Nicht nur für den anderen – auch für uns selbst. Empirische Untersuchungen haben gezeigt, dass Menschen, die vergeben, deutlich seltener an Depressionen, Aggressionen, Neurosen oder Ängsten leiden. Im Gegensatz zu „beleidigten Leberwürsten" sind sie ausgeglichener, gelassener, umgänglicher und – wen wundert's – auch glücklicher.

Und wie macht man das – vergeben? Beispielsweise durch mehr Verständnis für die Schwächen des anderen. Oder durch ein kleines Ritual: Schreiben Sie einen

Brief, in dem Sie alles, was der andere Ihnen angetan hat, aufzählen. Formulieren Sie hemmungslos Ihre Wut und Enttäuschung. Schreiben Sie sich allen Ärger von der Seele. Anschließend stecken Sie das Schreiben in ein Kuvert, gehen hinaus oder besorgen sich eine feuerfeste Schale und dann – verbrennen Sie den Brief. Entscheiden Sie sich, dem anderen zu vergeben, und beobachten Sie, wie Ihre Schuldzuweisungen und alle anderen negativen Gefühle sich in Rauch auflösen.

### *Drei Arten, positive Gefühle zu verbreiten*

Negative Gefühle übertragen sich auf uns: meckernde, jammernde, griesgrämige oder angsterfüllte Kollegen tun keinem von uns gut. Doch umgekehrt sind auch positive Gefühle ansteckend.
Wenn uns ein Kollege anlächelt, lächeln wir zurück. Wenn uns eine Mitarbeiterin von einer schmerzhaften Zahnbehandlung erzählt, bekommen wir eine Gänsehaut. Hirnforscher haben entdeckt, dass das nichts mit Magie zu tun hat. Vielmehr liegt es an den sogenannten Spiegelneuronen, dass wir uns von den Gefühlen unserer Mitmenschen automatisch anstecken lassen. Diese Spiegelnervenzellen, die wie Antennen funktionieren, befähigen uns, mit anderen mitzuleiden – oder uns eben auch mitzufreuen, wenn sich ein anderer freut.

#### 1. Lachen und Lächeln

Machen Sie sich zu einem „Sender" für positive Gefühle. So wie ein Dirigent das ganze Orchester mit seiner Begeisterung mitreißen kann, können auch Sie Einfluss auf die Menschen nehmen, mit denen Sie zusammenarbeiten. Beispielsweise können Sie sich entschließen, häufiger zu lachen. Lachen wirkt wie eine Therapie – es verbessert die Sauerstoffzufuhr, aktiviert das Immunsystem und kann sogar Schmerzen lindern. Vor allem aber ist Lachen ansteckend.

Natürlich werden Sie sich anfangs wie ein Schauspieler vorkommen. Doch Sie werden bemerken, dass Lachen schnell eine Eigendynamik entwickelt. (Falls Sie das nicht glauben, sollten Sie einmal an einem Lach-Yoga-Kurs teilnehmen ...) Und falls Ihnen gar nicht zum Lachen zumute ist, sollten Sie es wenigstens mit Lächeln versuchen. Die enge Verknüpfung zwischen Körper und Seele sorgt dafür, dass Sie gar nicht mehr schlecht gelaunt sein können, wenn Sie (richtig) lächeln. Doch Vorsicht: Künstliches, maskenhaftes Lächeln führt auf Dauer in die Sackgasse. Mitarbeitern von Callcentern, Serviceleistern oder auch dem Personal von Fluggesellschaften wird das „Lächeln von Berufs wegen" geradezu vorgeschrieben. Wer jedoch ständig freundlich bleiben muss, hat ein deutlich erhöhtes Burn-out-Risiko. Das Problem: Beim vorgespielten Lächeln werden bestimmte Gesichtsmuskeln in der Augenregion nicht aktiviert – das Lächeln ist oberflächlich und entspricht nicht den eigenen Gefühlen. Wenn Sie also lächeln (oder lachen), sollten Sie dies aus ganzem Herzen tun.

Falls Sie in Ihrem Job ständig lächeln müssen, können Sie einen Trick anwenden: Ebenso wie professionelle

Schauspieler können Sie versuchen, nicht einfach nur zu lächeln, sondern auch das zugehörige Gefühl zu erzeugen. Am leichtesten fällt das, wenn Sie versuchen, die Situation mit Humor zu betrachten, sie zu bagatellisieren oder sich wirklich lustige Sachen vorzustellen (beispielsweise können Sie sich vorstellen, wie ein anstrengender Kunde in Feinripp-Unterwäsche vor Ihnen steht). Ebenso wirkungsvoll ist es aber auch, sich in die Emotionen Ihres Gegenübers hineinzuversetzen, denn dann entspringt Ihr Lächeln Ihrem Mitgefühl.

### 2. Loben und „Danke" sagen

Sie vermissen Wertschätzung in Ihrem Job? Dann wird es Sie trösten, zu erfahren, dass es den meisten anderen genauso geht. Warum also nicht die Perspektive wechseln: Statt selbst vergeblich auf Anerkennung zu hoffen, können Sie viele kleine Gelegenheiten nutzen, um anderen Anerkennung zu schenken. Natürlich sollten Sie dabei nicht zu dick auftragen. Doch wenn andere gute Arbeit geleistet haben, dürfen Sie ihnen das durchaus auch einmal sagen. Und natürlich dürfen Sie auch „Danke" sagen.

### 3. Hilfsbereit sein

Es gibt unzählige Möglichkeiten, anderen Menschen zu helfen – und das auch mitten im Berufsalltag. Wer freut sich nicht, wenn ihm jemand dabei hilft, eine neue Software zu installieren? Oder ein Regal zu verschieben, ein Konzept auf Fehler zu überprüfen, Milch für den Kaffee

zu reichen oder etwas aus einem anderen Stockwerk mitzubringen?
Zuvorkommende Kollegen übernehmen an ihrem Arbeitsplatz mehr Aufgaben, als sie eigentlich müssten. Untersuchungen zeigen, dass sie mehr Sinn in ihrer Arbeit sehen und deutlich zufriedener sind als Egoisten. Zudem zieht Hilfsbereitschaft viele positive soziale Konsequenzen nach sich: Wer anderen hilft, ist beliebt und bekommt auch eher Hilfe, wenn er sie selbst einmal braucht.

### *Miteinander reden*

Wie wichtig Kommunikation im Arbeitsalltag ist, wird jeder wissen, der unter schlechter Kommunikation zu leiden hat. Nur wer andere versteht, kann auch von ihnen verstanden werden. Und verstehen kann man nur, was man auch wirklich hört. Eine gelungene Kommunikation schafft Vertrauen und verbessert die Effektivität. Ganz einfach ist sie aber nicht, da nur die wenigsten von uns gelernt haben, richtig zuzuhören oder sich gut auszudrücken.
Im Job haben Sie täglich die Möglichkeit, Ihre Kommunikationsfähigkeit zu verbessern. Wichtiger, als dabei strenge Regeln zu befolgen, ist es, achtsam zu sein und den anderen ernst zu nehmen. Dennoch können einige Anhaltspunkte vor allem anfangs sicher nicht schaden:

**Die 5 wichtigsten Kommunikationsregeln**

1. Zuhören! Hören Sie zu, was Ihr Gesprächspartner sagt – ohne bereits Gegenargumente zu suchen und Ihre Antwort zu formulieren.
2. Killerphrasen vermeiden! Wendungen, die keine weiteren Argumente zulassen, wie beispielsweise „Das macht man eben so!", bringen die Kommunikation zum Stillstand.
3. Ich-Botschaften! Sprechen Sie über sich selbst, wie Sie die Dinge sehen. Vermeiden Sie Allgemeinplatzhalter wie „man...", „viele ..." oder „wir ...".
4. Spiegeln! Gehen Sie auf die Sprachebene und die Körpersprache Ihres Gesprächspartners ein.
5. Offen bleiben! Machen Sie sich bewusst, dass fast jede Botschaft viele Aspekte hat: Ich-Botschaft, Du-Botschaft, Wir-Botschaft, Kontext, Appell und Sach-Botschaft. Kommunikation ist immer auch Konfusion.

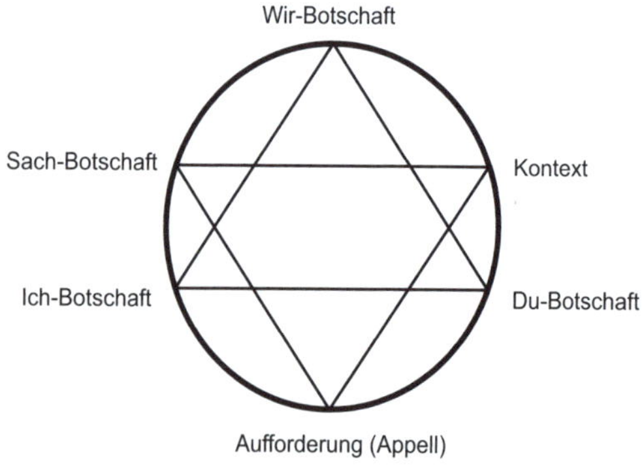


*Kommunikations-Ball*

*Sie können den Kontakt zu Ihren Kollegen und Mitarbeitern verbessern, indem Sie mehr Empathie entwickeln. Erwarten Sie nicht zu viel von Ihren Mitmenschen und üben Sie sich in Toleranz – auch wenn's schwer fällt. Verbessern Sie die Stimmung, indem Sie positive Gefühle aussenden, und versuchen Sie, in Gesprächen mehr gegenseitiges Verständnis aufzubauen.*

30

## 5.3 Über sich selbst hinauswachsen

Seinen Job zu lieben ist nicht selbstverständlich. Wir brauchen dazu Offenheit, Zufriedenheit und Begeisterungsfähigkeit – allesamt Fähigkeiten, die uns nicht unbedingt in die Wiege gelegt wurden. Gerade bei langweiligen, aber ebenso auch bei belastenden, anstrengenden beruflichen Tätigkeiten können wir der Frustrationsfalle nur entgehen, wenn wir aktiv gegensteuern. Und eine Möglichkeit dazu besteht darin, ständig über sich selbst hinauszuwachsen. Erweitern Sie Ihre Grenzen und damit Ihre Möglichkeiten. Lassen Sie beengende Sichtweisen hinter sich und finden Sie Schritt für Schritt zu mehr Interesse und Erfüllung inmitten Ihres Arbeitsalltags.

### *Die Entwicklung im Auge behalten*

In jedem Job gibt es Entwicklungen – sowohl äußere als auch innere. Wenn etwas nicht so läuft, wie Sie sich das wünschen, brauchen Sie manchmal einen langen Atem. Verbesserungen sind nicht immer sofort durchsetzbar, und viele Prozesse brauchen Zeit. Daher ist es sinnvoll, seinen Blick von Momentaufnahmen zu lösen und die langfristige Entwicklung im Auge zu behalten.

Natürlich können Sie viel tun, um belastende Situationen zu entschärfen und den Kurs zu ändern. Manchmal ist es aber noch wichtiger, die Dinge einfach geschehen zu lassen. So wie ein Gärtner. Goethe schrieb einmal: *So wenig der Gärtner sich durch andere Liebhabereien und Neigungen zerstreuen darf, so wenig darf der ruhige Gang unterbrochen werden, den die Pflanze zur dauernden oder zur vorübergehenden Vollendung nimmt.*

Ob es darum geht, einen Betrieb zum Laufen zu bringen oder eine Firma in eine neue Phase der Produktivität zu heben – Unternehmer werden nur dann erfolgreich sein, wenn sie berücksichtigen, dass Wachstum kein für sich allein stehendes Ereignis in der Gegenwart, sondern ein langfristiger Vorgang ist. Über sich selbst hinauswachsen heißt unter anderem, dass wir lernen, Entwicklungen abzusehen und anzuerkennen, dass jedes Projekt seine Zeit braucht, um zu wachsen. Statt bei Rückschlägen die Flinte ins Korn zu werfen, sollten wir uns darum bemühen, aus Fehlern zu lernen, für besseres Feedback zu sorgen und die nötigen Anpassungen vorzunehmen. Dies gilt aber nicht nur für Unternehmer. Auch als Angestellte brauchen wir Geduld. Statt uns von ernüchternden Erfahrungen frustrieren zu lassen, können wir beispielsweise darauf vertrauen,

- dass sich unser Verhältnis zur schwierigen Kollegin noch verändern kann.
- dass der neue Chef sich noch entwickeln wird.
- dass wir unsere Fähigkeiten innerhalb einer längeren Zeitspanne enorm erweitern und Aufgaben somit leichter bewältigen können.
- dass unsere Offenheit oder Hilfsbereitschaft im Laufe der Zeit zum steten Tropfen werden wird, der den Stein höhlt.

### *Wachstum als lebenslange Entwicklung*

Für unsere Lebenszufriedenheit ist inneres Wachstum noch wichtiger als äußeres. Jeder von uns entwickelt sich weiter, unsere Persönlichkeit wächst und reift – und diese Tatsache können wir bewusst nutzen: Damit wir in unserer Arbeit Flow erleben können, sollten wir uns immer wieder neuen Herausforderungen stellen und unsere Fähigkeiten ausbauen. Bis zu einem bestimmten Alter entwickelt jeder Mensch sein Können ganz automatisch: Wenn wir nie gelernt hätten, Türmchen zu bauen, zu sprechen, Buchstaben zu schreiben oder zu laufen, wären wir nicht sehr weit gekommen. Neben diesen allgemeinen menschlichen Fähigkeiten existieren aber auch viele ungeborgene Schätze – unsere individuellen Möglichkeiten. Jeder Mensch hat ungezählte Talente und Begabungen, die nur darauf warten, durch Übung gefördert zu werden. Die große Kunst besteht darin, tief vergrabene Möglichkeiten überhaupt einmal zu entdecken – und das ist nur möglich, wenn

wir genug Vertrauen in unser Potenzial haben. Verborgene Fähigkeiten wieder ans Tageslicht zu bringen, geht natürlich nicht von heute auf morgen, denn inneres Wachstum ist ein lebenslanger Prozess. Ein Prozess jedoch, den Sie unterstützen können, indem Sie sich entschließen, Veränderungen nicht aus dem Weg zu gehen und immer wieder Neues zu lernen.
Professionell zu arbeiten hat viel mit der Suche nach ständiger Verbesserung zu tun.
„Wie kann ich das, was ich tue, noch effektiver tun?“ – diese Frage sollten Sie sich nicht stellen, um Ihrem Vorgesetzten, sondern um sich selbst einen Gefallen zu tun und mehr Freude an Ihrem Beruf zu finden.

30 *Entwickeln Sie Ihre Fähigkeiten und wachsen Sie über sich selbst hinaus. Bedenken Sie, dass viele Veränderungen nicht von heute auf morgen möglich sind, und entwickeln Sie einen langen Atem. Lassen Sie sich nicht von Rückschlägen aus der Ruhe bringen – sie gehören zwangsläufig zum Wachstumsprozess.*

## 5.4 Neugierig bleiben

Auch Neugier – im Sinne von Wissbegier – kann zu einer Quelle der Freude und Erfüllung werden. Das menschliche Gehirn ist dazu angelegt, ständig neue Informationen aufzunehmen und Zusammenhänge zu

erfassen. Forscher werden meist weniger durch ihr Gehalt oder die öffentliche Anerkennung motiviert als vielmehr durch ihr eigenes Interesse. Und während sie in jeder Forschungsphase neue Erkenntnisse gewinnen, erleben sie regelmäßig Flow. Doch natürlich müssen Sie kein Forscher sein, um sich von Ihrer Neugier leiten zu lassen. In jedem Job kann das Interesse an den Hintergründen und Zusammenhängen zum rettenden Anker werden. Neugierig zu sein heißt einfach nur, mental in Bewegung zu bleiben, sich für neue Erfahrungen zu öffnen und seinen Horizont zu erweitern.
Wissensdurst ist ein effektives Mittel, wenn Sie Gefahr laufen, einzurosten und auf der Stelle zu treten. Es gibt wohl kaum einen Beruf, in dem Sie nicht davon profitieren werden, Ihr Wissen um die Hintergründe und Zusammenhänge zu erweitern.
Der Wunsch, über bekannte Grenzen hinauszugehen, kann sogar zur Karriereleiter werden. Es ist kein Zufall, dass Führungskräfte oft über ein breites Wissen verfügen. Ganz gleich, welchen Job Sie auch haben – es wird Ihnen viel leichter fallen, komplexe Zusammenhänge zu erfassen, wenn Sie zum Beispiel Biografien lesen, sich mit Geschichte und Politik beschäftigen, Theater und Konzerte besuchen, Reisen unternehmen, auf Fortbildungen gehen oder sich die Funktion einer neuen Software zu Gemüte führen. Um langfristig erfolgreich (und glücklich) sein zu können, ist es wichtig, seinen Horizont zu erweitern. Wir können selbst einem festgefahrenen Routinejob Interessantes abgewinnen, wenn wir

es schaffen, den mentalen und emotionalen Reiz zu erhöhen – beispielsweise indem wir versuchen, schneller oder effizienter zu arbeiten. Oder indem wir mehr Neugier ins Spiel bringen und uns bewusst machen, dass letztlich alles interessant sein kann.
Ganz unabhängig von der Branche, in der Sie arbeiten, können Sie Ihre natürliche Neugier wiedererwecken, indem Sie Fragen stellen, die entweder ganz konkret oder im weitesten Sinne etwas mit Ihren Tätigkeiten zu tun haben. Solche Fragen könnten beispielsweise lauten:

- Mit welchem Produkt habe ich es hier zu tun? Was sollte ich über die Qualität wissen?
- Was zeichnet meine Tätigkeit/die Produkte, die wir herstellen, aus?
- Wie entwickelt sich der Markt in meiner Branche?
- Woran liegt es, dass einige Unternehmen sehr erfolgreich sind, während andere scheitern?
- Welche Fähigkeiten sind nötig, und kann ich meine Fähigkeiten gegebenenfalls erweitern?
- Wie funktionieren so komplexe Systeme wie Verkauf, Werbung, Geldmarkt, Produktion, Vertrieb oder Logistik eigentlich überhaupt?
- Gab es meinen Beruf schon vor 100 Jahren? Und wie hat man das damals gemacht? Wie wird sich mein Beruf/meine Branche in den nächsten zehn Jahren entwickeln? Was wird dabei ausschlaggebend sein?

Jede gut gestellte Frage kann ein neues Universum öffnen: Je mehr wir wissen, desto größer wird unser Wissensdurst werden. Und im Gegensatz zu Routine und Desinteresse machen Interesse und Wachheit uns in unserem Job nicht nur klüger, sondern auch wesentlich zufriedener.

### *Die Vision im Auge behalten*

Sie haben ein Ziel, das Sie noch in diesem Jahr erreichen wollen? Wunderbar! Sie haben sich sogar Ziele gesetzt, die Sie innerhalb der nächsten fünf Jahre umsetzen wollen? Noch besser! Damit haben Sie mehr Orientierung als die allermeisten Menschen um Sie herum. Doch wie sieht es mit einer Vision aus? Eine Vision davon, wo Sie und im Idealfall Ihre Firma oder Ihr Betrieb eines Tages stehen sollten, kann Ihnen Flügel verleihen und Ihnen ungeheure Energien schenken.

Eine Vision scheint zunächst eine Sache für Unternehmer und Firmengründer zu sein. Doch die Fähigkeit, in die Tiefe zu schauen und seinen Blick auf das große Ganze zu richten, ist selbst bei den einfachsten Tätigkeiten hilfreich, denn sie schenkt uns Sinn. Bei nahezu jeder Arbeit gibt es etwas Sinnvolles zu entdecken. Ob Sie ein Unternehmen führen oder Brot backen, ist dabei nicht so wichtig.

Das Gefühl, etwas Sinnvolles zu tun, verändert unser ganzes Verhältnis zu unserem Job. Wo Sinn ist, kann unmöglich gleichzeitig Frustration sein. Doch Sinn ist nicht „automatisch" da. Wir müssen nach dem Sinn suchen, müssen ihn für uns schaffen. „Gute Werke zu tun" ist für viele Menschen zutiefst sinnvoll – für andere mag es vollkommen sinnlos sein. Ob es also sinnvoll ist, einen Reisebus zu lenken, die Straße zu reinigen, Brot zu verkaufen, neue Auspuffanlagen zu entwickeln oder Investmentfonds unter die Lupe zu nehmen – das entscheiden Sie ganz allein.

Eine Vision muss nichts Großartiges sein. Sie können Sinn in der Vorstellung finden, ein Super-Team auf die Beine zu stellen, sich ehrenamtlich zu engagieren oder dazu beizutragen, Ihre Firma an die Börse zu bringen. Sie können aber auch Sinn darin finden, jeden Besucher, der zu Ihnen ins Amt kommt, so freundlich und mitfühlend zu behandeln, dass er mit einem Lächeln aus der Tür geht.

Wenn Sie sich auf die Suche nach dem Sinn machen, sollten Sie nicht nur auf das Naheliegende achten. Die Dinge, die Sinn stiften, liegen nämlich oft ein wenig verborgen und überschreiten unsere vordergründigen Interessen.

**Übung:**
Im Folgenden finden Sie eine kleine Übung, die es Ihnen erleichtert, den Sinn in Ihrer Tätigkeit zu entdecken. Denken Sie zunächst an Ihren Beruf. Was tun Sie dabei? Mit wem tun Sie es? Was ist das Ziel Ihrer Arbeit? Und dann vergessen Sie alle Vorstellungen zu Gehalt, Sicherheit oder Karriere und denken Sie einmal ausschließlich darüber nach, welche Bedeutung Ihr Tun für andere hat. Füllen Sie in diesem Sinne die folgenden Zeilen aus:

Ich mache meinen Job, damit ...

..............................................................................................

..............................................................................................

..............................................................................................

..............................................................................................

..............................................................................................

***Einige Wege sind besonders gut geeignet, um Ihren Job von einem Feind in einen Freund zu verwandeln:*** 30

- ***Konzentrieren Sie sich mehr auf die Gegenwart – auf das Hier und Jetzt.***
- ***Bemühen Sie sich um besseren Kontakt, um mehr Verständnis, Mitgefühl und eine klarere Kommunikation.***
- ***Bleiben Sie neugierig und wachsen Sie, indem Sie Ihr Interesse an Ihrem Job zu neuem Leben erwecken.***
- ***Suchen Sie nach dem Sinn in Ihrem Tun und versuchen Sie, eine Vision für sich zu formulieren.***

# Statt eines Nachworts: Gebrauchsanleitung für Chefs

Auch Chefs können viel dazu beitragen, ihren Mitarbeitern mehr Freude im Job zu ermöglichen – und das sollten Sie, denn nichts schadet einem Unternehmen mehr als frustrierte Mitarbeiter.

- Nur glückliche Teams sind effektiv. Schaffen Sie eine Atmosphäre der Fairness und des Verständnisses, denn sie sind die Quelle für eine gute Motivation.
- Eine Unternehmensvision hilft Menschen dabei, einen Sinn in ihrem Tun zu finden und hoffnungsvoll in die Zukunft zu blicken.
- Hüten Sie sich vor Kontrollwahn. Delegieren Sie und folgen Sie dem Motto: „Kontrolle ist gut – Vertrauen ist besser."
- Sorgen Sie möglichst für flexible Arbeitszeiten.
- Sprechen Sie mit Ihren Angestellten. Fragen Sie nach Problemen, aber sagen Sie auch offen, was Ihnen wichtig ist. Durch konstruktives Feedback und klare Zielvorgaben bieten Sie die nötige Orientierung.
- Betonen Sie das Positive. Ein Lob, ein „Danke" und etwas Anerkennung beflügeln nicht nur Ihre Mitarbeiter, sondern auch Sie selbst.

# Fast Reader

## 1. Warum Ihre Arbeit nicht Ihr Feind ist

*Der Traum vom idealen Job ist trügerisch. Statt den Job zu wechseln, sollten Sie nach Wegen suchen, Ihr Potenzial in Ihrem jetzigen Beruf voll auszuschöpfen.*

***Herman Bang schrieb einmal: „Arbeit, die wir lieben, ist das Einzige, was uns mit dem Leben versöhnen kann." Da wir Arbeit und Leben nicht trennen können, lohnt es sich, unseren Job lieben zu lernen. Dies kann nur gelingen, wenn wir …***

- ***unser Glück nicht länger in den vermeintlichen Traumjob projizieren und erkennen, dass wir nahezu jeden Beruf in einen Freund verwandeln können.***
- ***unsere Einstellung ändern und uns von der Opferperspektive verabschieden.***

***Um Zufriedenheit, Glück und Erfolg im Tun zu erfahren, müssen Sie sich von der Vorstellung be-***

***freien, in der Falle zu sitzen. Und wissen Sie was? Die einzige Falle, die Ihnen wirklich gefährlich werden kann, ist die Falle in Ihrem Kopf ...***

## 2. Sie sind wichtiger als Ihr Job

*Stress fühlt sich nicht nur unangenehm an – er zerstört auch jede Leichtigkeit und Freude und lässt Ihre Arbeit zum (Überlebens-)Kampf werden. Methoden, die gezielt Stress abbauen, wie autogenes Training oder Sport, sind hilfreich. Noch besser ist es jedoch, wenn Sie im Job die Kontrolle übernehmen, indem Sie Ihre Einstellung und wenn möglich auch Ihr Umfeld beeinflussen.*
*Was motiviert Sie, zur Arbeit zu gehen? Geht es Ihnen in erster Linie darum, sich selbst oder Ihre Familie materiell abzusichern? Streben Sie nach Anerkennung? Oder wollen Sie Ihr Potenzial ausschöpfen und sich selbst verwirklichen?*
*Wer nur arbeitet, um nicht zu verhungern, hat keine Wahl. Alle anderen aber (und das sind die meisten) müssen ihren Job nicht nur als Broterwerb sehen. In jedem Beruf stecken Chancen, Bedürfnisse zu befriedigen, die den oberen Stufen der Maslow'schen Bedürfnispyramide entsprechen.*

**30** ***Wenn Sie unter Stress oder Burn-out leiden, wird es höchste Zeit, dass Sie beginnen, die Kontrolle***

***wieder selbst zu übernehmen. Dazu müssen Sie nicht kündigen, sondern ...***

- ***sich klarmachen, dass Sie Ihren Beruf selbst gewählt haben.***
- ***erkennen, dass Sie nur zur Arbeit gehen, weil Sie Ihre Bedürfnisse erfüllen wollen.***
- ***Ihre Aufmerksamkeit von den unteren auf die höheren Bedürfnisse verlagern.***
- ***Ihre Herzensbedürfnisse ausfindig machen und sich überlegen, welche Möglichkeiten es gibt, Ihre Werte tagtäglich in Ihre beruflichen Tätigkeiten einzubringen.***

## 3. Einsteigen statt aussteigen

*Zu lieben, was man tut, ist nicht zuletzt auch eine Entscheidung. Wer „Ich will" statt „Ich muss" sagt, lässt andere nicht länger über sich entscheiden, sondern wählt selbst. Eine echte Entscheidung erfordert Mut und die Bereitschaft, innerlich „Ja" zu sagen und die Initiative zu ergreifen.*
*In jedem Beruf gibt es immer auch einige Zufriedene. Sie sehen ihr Tun als sinnvoll und wichtig an und machen nicht nur einen „Job", sondern folgen ihrer Berufung. Seine Arbeit zu lieben ist eine Kunst, die man erlernen kann.*
*Glück, Gelassenheit und Zufriedenheit können gezielt trainiert werden. Im Gegensatz zum positi-*

*ven Denken verhilft uns die Positive Psychologie dazu, optimistische Verhaltens- und Denkweisen konkret einzuüben.*

30 ***Sie können Ihren Job nur lieben, wenn Sie sich bewusst entscheiden, einzusteigen statt auszusteigen. Das lohnt sich, denn Umfragen zeigen, dass es prinzipiell in jedem Beruf möglich ist, Sinn und Glück zu erfahren. Einige Punkte sind dabei zu beachten:***

- ***Sehen Sie Ihre Arbeit nicht nur als Job, sondern als Berufung. Welchen Sinn hat Ihr Tun – nicht nur für Sie, sondern auch für andere?***
- ***Glück im Job lässt sich lernen bzw. trainieren – geben Sie daher nicht zu schnell auf.***
- ***Lösen Sie sich von äußeren Zwängen, indem Sie intrinsisch, also von innen heraus handeln. Welche Werte können Sie bei Ihren Tätigkeiten zum Ausdruck bringen?***
- ***Entwickeln Sie Ihre Konzentration. Sie können dadurch Stress abbauen, negative Gedanken durchbrechen und optimale Erfolge erzielen.***

## 4. Mit ganzem Herzen handeln

*Solange wir Arbeit und Leben trennen und unseren Job nur als Mittel zum Zweck sehen, arbeiten wir nur, um zu leben. Doch wenn wir unser berufliches Schaffen als sinnvollen Teil unseres Lebens anerkennen, können wir mit ganzem Herzen bei der Sache sein, was die Voraussetzung für Glück und Harmonie ist. Ob Angst vor dem Jobverlust, Schwierigkeiten mit Vorgesetzten oder Stress – alle Probleme, die Ihnen im Beruf begegnen, können Ihnen als Spiegel für Ihre eigene Entwicklung dienen.*

***Nur wenn wir mit ganzem Herzen handeln, können wir Freude und Befriedigung im Job finden. Dazu ist es nötig,***

- ***Leben und Arbeiten als Einheit anzusehen.***
- ***Probleme im Job bewusst als Spiegel für mehr Selbsterkenntnis zu nutzen.***
- ***nicht zu viel Energie darauf zu verwenden, Äußerlichkeiten zu verändern, sondern an unseren Glaubenssätzen und Einstellungen zu arbeiten.***
- ***auch bei scheinbar unbedeutenden Tätigkeiten in die Tiefe zu gehen.***
- ***sein Augenmerk auf all die Kleinigkeiten zu richten, für die wir dankbar sein können.***

30

## 5. Auswege aus dem Jobfrust

*Sie können die Kraft der Gegenwart nutzen, um wieder mehr Kontakt zu sich selbst aufzunehmen. Auf diese Weise schaffen Sie sich mehr inneren Freiraum und können belastende Situationen gelassener bewältigen.*

*Sie können den Kontakt zu Ihren Kollegen und Mitarbeitern verbessern, indem Sie mehr Empathie entwickeln. Erwarten Sie nicht zu viel von Ihren Mitmenschen und üben Sie sich in Toleranz – auch wenn's schwer fällt. Verbessern Sie die Stimmung, indem Sie positive Gefühle aussenden, und versuchen Sie, in Gesprächen mehr gegenseitiges Verständnis aufzubauen.*
*Entwickeln Sie Ihre Fähigkeiten und wachsen Sie über sich selbst hinaus. Bedenken Sie, dass viele Veränderungen nicht von heute auf morgen möglich sind, und entwickeln Sie einen langen Atem. Lassen Sie sich nicht von Rückschlägen aus der Ruhe bringen – sie gehören zwangsläufig zum Wachstumsprozess.*

30 ***Einige Wege sind besonders gut geeignet, um Ihren Job von einem Feind in einen Freund zu verwandeln:***

- ***Konzentrieren Sie sich mehr auf die Gegenwart – auf das Hier und Jetzt.***
- ***Bemühen Sie sich um besseren Kontakt, um mehr Verständnis, Mitgefühl und eine klarere Kommunikation.***
- ***Bleiben Sie neugierig und wachsen Sie, indem Sie Ihr Interesse an Ihrem Job zu neuem Leben erwecken.***
- ***Suchen Sie nach dem Sinn in Ihrem Tun und formulieren Sie eine Vision für sich.***

# Die Autoren

**Ronald P. Schweppe** ist Orchestermusiker, Meditationslehrer und Autor zahlreicher Bücher im Bereich Psychologie und Spiritualität.
Er verfügt über eine Ausbildung in NLP und beschäftigt sich seit vielen Jahren mit indischer Philosophie und dem Zen-Buddhismus. Gemeinsam mit Aljoscha Long gründete er 1999 das Institut für Personale Integration.
Er ist Ensemblemitglied der Kammeroper München und lebt mit seiner Frau und seinen drei Kindern in München.

**Aljoscha Long** ist Diplom-Psychologe, Autor und Kampfkunstlehrer.
Er studierte in Toronto, Kanada, und München Psychologie, Philosophie, Musikpädagogik und Linguistik. Seine Schwerpunktthemen als Autor sind Psychologie, Philosophie und Chinesische Kultur. Er ist Mitglied von Mensa e.V.
Seit 2007 ist er mit der chinesischen Schriftstellerin Long Fei verheiratet und lebt abwechselnd in München und Kanton, China.

# Weiterführende Literatur


- Blanchard, K.; Johnson, S.: *Der Minuten Manager.* 11. Aufl. Hamburg: Rowohlt Verlag 2002.
- Brinkmann, R.; Stapf, K.: *Innere Kündigung. Wenn der Job zur Fassade wird.* München: Beck 2005.
- Covey, Stephen: *Die 7 Wege zur Effektivität.* 16. Aufl. Offenbach: GABAL 2010.
- Csikszentmihalyi, M.: *Flow im Beruf.* 2. Aufl. Stuttgart: Klett-Cotta Verlag 2004.
- Csikszentmihalyi, M.: *Flow: Das Geheimnis des Glücks.* 13. Aufl. Stuttgart: Klett-Cotta Verlag 2007.
- Heuser, U. J.: *Humanomics – Die Entdeckung des Menschen in der Wirtschaft. Frankfurt*: Campus Verlag 2008.
- Kabat-Zinn, J.: *Stressbewältigung durch die Praxis der Achtsamkeit.* Freiburg: Arbor Verlag 1999.
- Kitz, V.; Tusch M.: *Das Frustjobkillerbuch.* Frankfurt: Campus Verlag 2008.
- Lehky, M.: *Die zehn größten Führungsfehler – und wie Sie sie vermeiden.* Frankfurt: Campus Verlag 2007.

- Long, A.; Schweppe R.: *Nicht anstrengen – leben!* München: Heyne Verlag 2009.
- Lundin, S. et al.: *Fish. Ein ungewöhnliches Motivationsbuch.* München: Goldmann 2003.
- Maslow, Abraham H.: *Motivation und Persönlichkeit.* Reinbek: Rowohlt Taschenbuchverlag 1981.
- Ricard, M.: *Hirnforschung und Meditation.* Berlin: Suhrkamp Verlag 2009.
- Schwarz, A.; Schweppe R.: *NLP Praxis. Denk dich nach vorn.* 10. Aufl. München: Südwest 2003.
- Schwarz, A.; Schwarz A.: *Muskelentspannung nach Jacobson.* 2. Aufl. München: BLV 2009.
- Sprenger, R. K.: *30 Minuten Motivation.* 16. Aufl. Offenbach: GABAL Verlag 2012.
- Zemke, R.; Anderson, K.: *Coaching für den umwerfenden Service.* Frankfurt: Campus Verlag 1997.

# Register